中国教师发展基金会　组编

家长学校系列教材

高中生家长手册

柳斌

顾问　柳　斌　王文湛　　主编　杨春茂

U0818775

西藏人民出版社

图书在版编目(CIP)数据

家长手册.4/中国教师发展基金会编.
—拉萨:西藏人民出版社,2013.12(2016.10 重印)
ISBN 978-7-223-02329-0

Ⅰ.①家… Ⅱ.①中… Ⅲ.①高中生—家庭教育—手册 Ⅳ.①G78-62

中国版本图书馆 CIP 数据核字(2013)第 218108 号

家长手册.4

——伴孩子全面成长(高中生版)

作　　者　中国教师发展基金会
绘　　图　杨　冉　唐　璐
责任编辑　袁勇芳
装帧设计　陈玉丽
出　　版　西藏人民出版社
社　　址　拉萨市林廓北路 23 号　　**邮政编码**　850000
北京发行部:100013　北京市东土城路 8 号林达大厦 A 座 13 层
电　　话:010－64466472
印　　刷　三河市德利印刷有限公司
经　　销　全国新华书店
开　　本　32 开(850×1168)　　**字　数**　150 千
印　　张　6.5
版　　次　2016 年 10 月第 1 版第 7 次印刷
标准书号　ISBN 978-7-223-02329-0
定　　价　18.00 元

《高中生家长手册》编委会

天利家长俱乐部诚邀您的加盟

做父母，或者说做合格的父母太难了。现在的绝大多数孩子都是独生子女，父母对孩子的教育没有见习期，父母一时的疏忽，也许会给孩子的成长带来永久的遗憾。您想没有遗憾吗？那就快加入我们吧！

这里是爱与责任的汇聚，是关注家庭教育者的大联盟，让我们一起分享，一起感悟，一起探索，和孩子一起成长！

入会办法： 请您认真填写申请表，寄送或传真给我们，经确认后您就可以成为俱乐部大家庭中的一员了。

会员范围：

1. 3～18岁孩子的父母；
2. 关注儿童教育，热心参与家庭教育事业的各界人士。

会员待遇：

1. 有机会参加俱乐部组织的各种交流活动。
2. 可获赠由俱乐部提供的家庭教育期刊。
3. 可作为俱乐部的分部负责人，在您所在的地域组织开展活动。
4. 会员和其家庭可有机会在天利家庭教育网进行风采展示，交流活动的精彩内容也将上传到我们的网站上。

联系方法：

联系电话：010－64466472　64466845（fax）

地　　址：北京市朝阳区东土城路8号林达大厦A座13层

北京天利家长学校教材编委会　邮编：100013

天利家长俱乐部会员申请表（此表复制有效）

姓名		性别		年龄	
电话		e-mail			
		QQ			
身份	家长（ ）　家庭教育工作者（ ）　教师（ ）　其他（ ）				
地址				邮编	

家长手册

柳斌

序

孩子是家庭的希望、国家的未来。教育攸关民族的兴衰与发展。《中共中央国务院关于进一步加强和改进未成年人思想道德建设的若干意见》中指出："家庭教育在未成年人思想道德建设中具有特殊重要的作用。要重视和发展家庭教育，把家庭教育与学校教育、社会教育紧密结合起来。各级妇联组织、教育行政部门和中小学校要切实负担起指导和推动家庭教育的责任。"2010年2月全国妇联、教育部、中国关工委等部门联合颁布了《全国家庭教育指导大纲》，向全国各级各类家庭教育指导服务机构和家庭教育指导者开展家庭教育指导提出了明确要求。

家庭教育是现代教育体系中不可或缺的重要组成部分，是学校教育和社会教育的基础。家庭教育特别在未成年人思想道德建设中具有不可替代作用，家庭教育目前主要有四项任务：一、要更新家庭教育观念，树立起为国教子、以德育人的思想，改变重智轻德、重知轻能的倾向，重视子女思想品德教育，促进子女全面发展。二、要科学教子，实现教育角色和教育方式的转变，从单纯教育者转变为共同学习者，由单向灌输转变为双向互动，增强家庭教育的针对性、科学性和有效性。三、引导和教育家长要加强自我约束，重视言传身教，以自身良好的品德修养、行为习惯影响子女，努力建立民主平等和睦的家庭关系，为子女健康成长营造良好的家庭环境。四、教育和引导家长拓展家庭教育空间，支持子女参加社会实践主动配合学校教育、社会教育，促进“三教”结合，实现家庭教育由封闭型向开放型转变。

现在我们很欣慰地看到有关部门正在全国积极推进家庭教育“六个一”工程：喊响一个“为国教子、以德育人”口号，推出一批家庭道德教育丛书，组建一批家庭教育讲师团，培训一批家庭教育骨干，发展一批示范家长学校，表彰一批家庭教育先进典型。这些工程和措施的推进必将促进家庭教育进一步发展，出现人人关心，重视支持家庭教育的可喜局面。

教育部中国教师发展基金会早在1999年组织一批家庭教育专家经过深入细致调查和研究之后，认真编写了《家长手册》丛书。本丛书发行数年来，使很多家长从中受益。作为家长学校的推荐教材，更是深受广大教师和家长的好评。本丛书编委会通过举办大型讲座、培训、咨询活动，搜集了大量的反馈信息，根据《国家中长期教育改革和发展规划纲要（2010-2020年）》及新颁布《全国家庭教育指导大纲》内容的要求，重新修订了本套丛书。在原基础上，增加了《高中生家长手册》，这样本套丛书由原来的三册增加为现在的四册——《幼儿家长手册》、《小学生家长手册》、《初中生家长手册》和《高中生家长手册》。

本丛书针对不同年龄阶段孩子的实际情况以及目前教育现状，详细地分析了家长在家庭教育中经常遇到的问题，提供了切实可行的家庭教育知识和方法。

本套图书贴近生活、注重实用，是家长教育子女的必备读本，也是各级各类家长学校或家长培训班的最佳教材。希望本套图书能成为家长的良师益友，成为中小学幼儿教师的伙伴。

《全国家庭教育指导大纲》(节选)

为了深入贯彻落实《中共中央国务院关于进一步加强和改进未成年人思想道德建设的若干意见》,提高全国家庭教育总体水平,促进儿童全面健康发展,依据《中华人民共和国未成年人保护法》、《中华人民共和国义务教育法》、《中华人民共和国母婴保健法》、《中华人民共和国预防未成年人犯罪法》等法律法规,特制定《全国家庭教育指导大纲》(以下简称《大纲》)。

一、适用范围

《大纲》适用于各级各类家庭教育指导机构和相关职能部门、社会团体、宣传媒体等组织对新婚夫妇、孕妇、18岁以下儿童的家长或监护人开展的家庭教育指导行为。

二、指导原则

家庭教育指导应注重科学性、针对性和适用性。一是坚持"儿童为本"原则。二是坚持"家长主体"原则。三是坚持"多向互动"原则。

三、家庭教育指导内容及要求

(六)16～18岁年龄段的家庭教育指导

1.16～18岁儿童的身心发展特点

16～18岁的儿童经过青春期的迅速发育后进入相对稳定时期。其身体生长主要表现在形态发育、体内器官的成熟与机能的发育、性生理成熟等方面;在认知方面,儿童认知结构的完整体系基本形成,抽象逻辑思维占据优势地位;观察力、联想能力等迅速发展;情绪情感方面以内隐、自制为主,自尊心与自卑感并存;性意识呈现身心发展不平衡的特点。

2.家庭教育指导内容要点

(1)引导儿童树立积极心态,尽快适应学校新生活。指导家长引导儿童树立健康的人生态度;经常与儿童沟通交流,掌握儿童的学习情况、思想动态；经常与学校联系，了解儿童可能遇到的适应问题并及时提供家庭支持。

(2)引导儿童与异性正确交往。指导家长根据该年龄阶段儿童个性特点，引导儿童积极开展社交活动和正常的异性交往；利用日常生活的相关事件，适时适当适度开展性生理、性心理辅导；对有“早恋”行为的儿童，指导家长学会提供经验参考，帮助儿童提高应对问题的现实处理能力。

(3)引导儿童“学会合作、学会分享”。指导家长通过召开家庭会议等形式，与儿童一起平等、开放地讨论家庭事务，并共同分担家庭事务；鼓励儿童在集体生活中锻炼自己，让儿童品尝与人合作的快乐；鼓励儿童积极参与社会实践活动，在活动中学会乐于与人相处、勇于承担责任。

(4)培养儿童做一个知法、守法的好公民。指导家长加强法律知识学习，掌握家庭法制教育的内容和方法，努力提高自身法制意识；注意以身作则，自觉遵守法律，为儿童树立榜样；与儿童建立民主平等的关系，切实维护儿童权益。

(5)指导儿童树立理想信念、合理规划未来。指导家长引导儿童从小树立社会责任感，树立国家意识；与儿童共同协商规划未来，并尊重和鼓励儿童进行自主选择；从儿童实际出发，不断调整自身期望；引导儿童学会将理想与现实的奋斗相结合。

(6)引导儿童树立自信心，以平常心对待升学。指导家长在迎考期间保持正常、有序的家庭生活，科学、合理安排生活作息，保证儿童劳逸结合，身心愉快；保持适度期待，鼓励儿童树立自信心，以平常心面对考试；为儿童选择志愿提供参考意见，并尊重儿童对自身的未来规划与发展意愿。

（全国妇联、教育部、中央文明办、民政部、卫生部、
国家人口计生委、中国关工委联合颁布）
2010 年 2 月 8 日

目录
Contents

第一章　成为合格家长的两大法宝

第二章　现代理想家庭的四大类型

第三章 帮助孩子迈好高中第一步

第四章　高情商是孩子全面发展的需要

第五章　跨越“代沟”有方法

第六章　与孩子一起感受浪漫

第七章 和孩子一起经历高三

第八章　高考过后家长该做的几件事

第一章　成为合格家长的两大法宝

高中阶段的孩子，身体的发育已经趋向成熟，成年人该有的特征他们都已具备。但是，他们的心理发育却相对滞后，高中生家长要特别留意孩子的心理成长，全面了解孩子身体与心理发展的错位情况，并及时用科学的方法给予调适。

高中生家长应加强学习，积极提升自身的素养，以适应新时代家庭教育的发展要求。

本章将介绍新时代高中生家长应担负的责任，以及应该在哪些方面提升自己的素养等问题。

第一节 全面了解孩子：合格家长的首要条件

一、孩子长大了

徐慧女士发现自打儿子上高中后，变了很多。以前，儿子从不洗自己的衣服；如今，他开始自己洗衣服了，特别是内裤，自己藏得严严实实的。是孩子长大了，懂事了，懂得心疼父母了，还是怎么了？

不光是衣服不让碰了，儿子自己的房间也不轻易让人进了。要进这个房间，就得得到儿子的许可。

最明显的变化，还是在儿子的身体上。儿子的身高早就超过了徐慧和老公，胡子就像秋后的芦苇丛。还有就是声音，不知道从什么时候开始，儿子变得粗声粗气了。有时累了，鼾声能从他的“闺房”里传出来，跟他爸爸的鼾声比高低，堪称家里的“哼哈二将”了。

“忽如一夜春风来，千树万树梨花开”。孩子的长大好像是突然之间的事情。很多父母觉得孩子昨天还不懂事，今天居然就长大了！对此，父母既兴奋又害怕。兴奋的是孩子终于长大了，就好比一个瓜农终于看到亲手种的西瓜熟了。但怕什么呢？怕不了解孩子。养孩子可不比种西瓜，西瓜熟不熟可以敲一敲，再不行就切开看一看。而孩子怎么敲？如何切？

随着年龄的增长，孩子的身体和心理发育越来越成人化。高中阶段的孩子，身体的发育已经趋向成熟，成年人该有的特征他们都已具备。但是，他们的心理发育却相对滞后，特别是现在的孩子大部分在片面追求考试成绩的学校里读书，青少年心理卫生教育的课时太少，甚至没有。高中生家长要特别留意孩子的心理成长，要全面了解孩子身体与心理发展的错位情况，并及时用科学的方法给予调适。

二、长大并未成人

从身体外形上来说，高中生的各项指标已经跟成年人相差无几，你可以说，孩子是长大了。但是，长大了，就能做成年人的事情吗？如果你这样认为，那么你的孩子日后的发展就会很危险。孩子长大了并不代表他已经成人了。

那么什么才叫成人？

成人成的是社会的人。社会的人最显著的特点是“责任”，不仅要对自己的行为负责，还要为其他社会人的行为承担责任。也就是说，不仅要主动地为自己的过错承担责任，也可能要为他人的过错被动地承担责任。通过十几年的教育和生活实践，他不再是一个自然人，他已经是一个完全的社会人，他的肩头扛着许多责任。

现在很多高中生，有一副健康的身板，却没有一个健康的心灵。他们对什么都充满着好奇，对所做的事情惯于推卸责任，对所受的损失也惯于怨天尤人。当遭遇到挫折时，他们常常脆弱不堪，甚至一蹶不振；当获得成功时，他们往往夜郎自大，不知道天高地厚。这离我们所说的“成人”还差很远。

所以，作为父母，千万不要认为孩子长大了就是成人了，对他们的人生教育不仅不能停，还要加紧。高中时代是一个人价值观和人生观形成的关键时期，错过了此时就耽误了一生。

三、带孩子走向成熟

孩子人生社会化过程的最后一段路，以前人们说是大学，现在看看大学生们的表现，人们开始说是高中了。跟二十年前相比，现在的大学生很难说他们还是孩子。这是社会发展的结果，社会的发展把孩子走向成熟的最后一站定在了高中。这段路，父母不能缺席，父母要带着孩子好好地走，认真拐过这道弯，你就会发现一个不一样的孩子。

1. 帮孩子认识生理的变化

纪先生家是重组家庭，妻子带来个儿子，纪先生自己有个女儿，这四口之家过得其乐融融。如今，女儿读高一，儿子读高二，学习成绩都不错。女儿出落得亭亭玉立，像一朵含苞待放的花蕾。儿子则越来越健壮，像一头憨头憨脑的牛犊子。纪先生问女儿，老师上生理卫生课时有没有仔细讲，女儿羞红了脸说，老师只是粗略地说了一下，就让同学们自己看了。纪先生跟太太商量，决定好好给儿女们补上这一课。

纪先生和太太分工进行，纪先生给儿子讲，太太给女儿讲。他们以自己的亲身经历为蓝本，给孩子们讲男人或女人的身体发育过程，以及在这个过程中自己是如何应对的。他们还给孩子们讲了一些避孕措施，以及自我保护的方法。

孩子们在爸爸妈妈的帮助下，认识了一直以来不敢或者羞于面对的问题。这样一来，孩子们渐渐地开朗起来，把父母当成了自己的朋友。

纪先生和太太的做法是值得借鉴的，这样做一是避开异性父母跟孩子谈话时的尴尬；二是这对特殊的夫妻分别给双方的孩子做指导，消除了隔阂，加深了感情；三是用现身说法的方法，讲得更直观，更能让孩子们接受。

据调查，高中阶段的孩子都需要补上人体如何走向成熟这一课。因为在初中阶段，上生理卫生课时，老师们都是粗略地一讲了事，孩子们由于身体的各项特征并没有完全显现，所以听得糊里糊涂。但到了高中就不一样了，孩子们长大了，面对自己的身体变化不知所措。于是，部分学生就从文学作品、影视作品甚至是色情网站上去了解这方面的问题，这样是极其有害的。

所以，家长在这方面要对孩子进行必要的干预，帮助孩子了解自己身体的秘密，教给孩子一些生理学常识。

2. 和孩子一起过好心理关

唐女士的女儿能歌善舞，从小学到初中都是学校历次晚会的主持人。但是自从上了高中，她就越来越不自信了，原因就是她的胸太小，同学们都叫她“太平公主”，部分男生还讥笑她是“飞机场”。一向爱表现的她为了改变这一现状，偷偷买了一副特殊的乳罩，戴上去胸部立即就挺了起来。好嘛，这次胸大了，麻烦却更大了。现在电视上的有关让乳房变大的乳罩广告多了去了，她这样一夜之间变大，大家一看就知道是假的，结果同学们都嘲笑她，有的还编造出她跟谁谁谁恋爱的谣言。

一向坚强的女儿这次顶不住了，跑到唐女士面前哭诉。唐女士了解情况后，跟女儿进行了一次长谈。她告诉女儿，每个人的发育情况是不同的，自己要学会适应。你为自己的胸小而不快，而很多发育较早的女生因为胸大而烦恼呢！不要怕，每天都昂首挺胸地走路，你会发现自己越来越美的。

其实，除了胸部问题，高中女生的心理关还多着呢！不光女生，男生也有男生的烦恼。比如声音变粗了，喉结突出了，胡子长长了，遗精了，等等。家长应该多多注意孩子的变化，及时跟孩子沟通。很多家长忽略了这些问题，以为这些问题都很平常，没什么好说的。殊不知，对于正在发育中的孩子来说，那可是些天大的问题。

3. 给孩子上好性别教育课

于先生是高中历史老师，他的儿子于雷读高二了，就在自己班上读书。于先生相信自己的儿子以后一定能成为一个响当当的男子汉，他的底气来自自己数年来对儿子的教育。

儿子小的时候，他教育孩子养成良好的生活习惯，学会正确的学习方法。稍大一点，他就带领儿子锻炼身体，练就强健的体魄。到了高中，他就开始对儿子进行性别教育。儿子高一的时候，和儿子一起阅读了很多男性英雄的传记，父子俩每每都看得热血沸腾。到了高二，他利用假期带儿子访问本地的一些知名人士，让儿子体会他们的硬汉精神。他告诉儿子，要想成为真正的男子汉，你的胸怀就得宽广，要有海纳百川的气度，要有虚怀若谷的精神；你的肩膀要坚韧，能顶住压力，要勇挑重担，要有责任感和使命感。到高三了，于先生准备重点引导儿子去发现自我，找出自己的优势和不足，培养儿子对忍耐力和果断行动力这一对矛盾的拿捏度。他相信，这一套教育进行下来，儿子绝对错不了，肯定能在以后的人生道路上搞出点名堂来！

这位于老师堪称是教子有方了，方法用得普通，却用得好。如果每个家长都这样教育儿子，那我们民族的未来绝对是响当当。看了于老师是怎么教育儿子的，那么那些有女儿的呢？高中这个阶段，对女儿要进行科学的女性教育，培养她们自信、自立、自强的精神，让她们懂得女性是半边天，也可以顶起一片蓝天。

特别提示【几条实用小常识】

高中生比初中生更注意自己的形象，有些小问题还真的困扰着他们。家长应该及时发现，并给予指导。下面有三个小常识，家长们可以参考一下，教给孩子们。

1. 对付脚臭。一是天天洗脚，洗干净还要擦干净；二是天天换袜子；三是经常换鞋子，鞋子要清洗干净并晾干。

2. 青春痘的防治。一是不要紧张；二是饮食要以清淡为主，多吃蔬菜和水果；三是保持面部清洁，用温水和弱碱性香皂或洗面奶洗脸。症状严重的请在医师的指导下治疗。

3. 口臭的防治。一是要睡前刷牙，起床后再刷牙，平时要多进行咀嚼运动；二是去医院检查消化系统是不是有问题；三是保持愉快情绪。

第二节　全面提升自己：合格家长应具备的素质

一、落伍的家长

小雷从小就很崇拜爸爸妈妈，他觉得任何问题到了爸爸妈妈那里都能够得到很好的解答。这是因为，爸爸是大学中文系的讲师，妈妈是中学物理教师。小雷遇到文史方面的问题就拿到爸爸那里，一些科普方面的问题就拿到妈妈那里，每次都能迎刃而解。

但是，自从上了高中，小雷就发现爸爸妈妈不如以前了。小雷特喜欢关注国际新闻，他发现很多国际争端都与宗教有关。他拿一些宗教问题去问爸爸，爸爸只是把世界几大宗教的基本情况说了一下，再往细处说，他就不行了，更不用说用这方面的知识去分析目前的各种争端了。妈妈好像更不如从前了，她甚至连“神七”飞船走过的轨道都说不清楚。小雷深知，如果再拿火星文、网络语言、周杰伦的歌曲等去问爸妈，他们更是一问三不知了。在小雷眼里，爸妈落伍了。

小雷的感觉没错，他的父母的确是落伍了，没有跟上时代的发展，这是大部分家长面临的通病。现在是信息时代，人类的知识总量每三年翻一番。平时，家长们都被自己的工作压得喘不过气来，哪还有时间和精力去跟孩子赛跑？高中时代的孩子，好奇心特别强，凡事都要看个究竟，瞧个明白。有了问题，他们自然会去问父母，而后者往往答不上来，或者答得并不能令孩子们满意。在这种情况下，孩子就觉得自己的父母落伍了，甚至说父母是“老古董”了。久而久之，两代之间的鸿沟就越来越深了。

二、家长不是“陪练”

很多家长怕被孩子说成是“老古董”，于是每天都在关注着孩子的兴趣喜好。一段时间，孩子喜欢军事了，家长就疯狂地读军事方面的书籍和收集军事方面的信息，以便在跟孩子谈话时能跟得上。又一段时间，孩子喜欢体育了，家长就恶补体育。再一段时间，孩子对音乐产生了兴趣，家长是不是也要学识谱，学唱歌呢？这样的家长，不是被累死，就是被孩子拖死。这是“陪练型”的家长，精神可嘉，但做法不可取。

由于时间和精力的限制，任何一个家长都注定了不能跟孩子同步发展，陪练的思路从一开始就是错误的。那么，家长应该扮演什么角色呢？不是陪练，而是教练。

无论是在体育竞技上，还是在艺术创新上，教练永远都起着主导作用。教练就像一支部队的指挥官，他可能在业务素质上不如一个优秀的士兵，但是他却是战役成败的关键人物。家庭教育也是一样，家长是孩子发展的指挥官，孩子成长的教练。家长在接受新知识方面可能落后于孩子，但是家长的知识是成体系的，他们的人生经验是丰富的，他们可以及时指出孩子在成长中的不足，纠正孩子可能走偏的方向。

另外，现在的网络技术这么发达，报刊杂志这么多，家长只要有一颗继续学习的心，并付诸行动，我们相信，凭着家长们已有的牢固的知识体系和长期以来形成的学习能力，跟上时代并不难。不是很多老人家 60 岁了才学电脑，70 岁了才学英语吗？而且还学得不错呢！

三、学习意识强是家长的基本素质

陈媛在五十岁生日那天做出了一个重大决定，她准备考大学。这让丈夫和正读高二的儿子大吃一惊。

陈媛是个老钢铁工人了，曾被评为市里的“三八红旗手”

和“劳动模范”。近两年来，由于陈媛的身体不好，已经不能继续胜任工作了，厂领导批准她提前退休。退休后干什么呢？她想出去旅游，想参加一些老年人的社团，但她觉得还是要给儿子做个榜样。年轻的时候一心工作，结婚晚，自己退休了，儿子才读高二。一次，她在儿子的一篇作文里看到儿子说她是“老妈妈”，而且是个普通的工人，没什么文化。她很担心，倒不是怕儿子看不起她，而是担心儿子会意志消退。于是，她决定退休之后，重新拿起课本，考大学。

虽然现在考大学没有了年龄限制，也有报道说某某市有70岁高龄的老人考上了大学，跟重孙辈的孩子一起上学。但陈媛对自己能否考上并不很在意，她只是想通过自己的行动来带动儿子。

所谓“活到老，学到老”，陈媛女士的这个劲头令人钦佩。正如她自己所认为的，不管能不能考上大学，对儿子都是一个很大的带动。儿子会想：如果不好好学习，万一连我的“老妈妈”都考上了大学，而我没考上，那不是丢死人了？

家长一定要持续学习，不止是学自己业务范围内的知识，跟业务相关的，甚至毫无关系但对个人发展有利的知识都要学。很多家长觉得自己事业进入稳定期了，因而开始不思进取了。殊不知这个社会处处是变数，正如《谁动了我的奶酪》里的老鼠一样，只有时刻保持高度警惕，不断学习才有明天。即使做出个继续学习的样子让孩子看，对孩子也是一种帮助。

四、学习能力强是高中生家长的特质

严国军是个会计，他一直在学会计师的课程。他在家里一再强调注册会计师有多么难考，一百个人中考不上几个，很多人考了几年都没过……特别是儿子在家的时候，严国军更是不厌其烦地说。

儿子正读高二，被老师称为“数学天才”，是全年级的尖子生。他一开始对爸爸的说法不以为然，他觉得那是爸爸笨，学习能力不行。

有一天，严国军把注册会计师的试题给儿子做。由于儿子根本就没接触过这个领域，因此一下子给震住了，他说原来世界上还真有一点都不会做的数学题。当着儿子的面，严国军把试题都做了出来，儿子佩服得五体投地。几个月后，严国军顺利地拿到了注册会计师资格证，又让儿子崇拜了一回。

严国军在讲述这段话时，忍不住笑了。因为，这其中他是动过手脚的。一是那天拿的试题是他事先准备好了的，确定自己都会做的，才在儿子面前显摆。二是他一直在暗中准备这场考试，已经有四五年了，并不是儿子看到的短短的几个月。

高中生家长如果都像严国军学习，那就对了。你要知道，你的孩子在这个阶段的学习能力是最强的，如果你让他发现你不如他强，他会瞧不起你的。家长跟孩子在同一起跑线上学他们都陌生的东西，家长肯定学不过孩子。所以，家长要灵活一些，甚至狡猾一些，制造你跟孩子在同一起跑线上的假象，运用你的特长显示你超强的学习能力。孩子会认为，自己有个这么棒的老爸，或者老妈，得了他们的遗传，自己也肯定差不了。这种由心理暗示产生的学习能力已经被证明是的确存在的，就看你如何给孩子设置这样的心理暗示了。

五、自我提升是高中生家长应该具有的意识

每天放学回家，小慧都会看到妈妈在学习。妈妈打算今年报考现当代文学的博士研究生。在妈妈的长期影响下，小慧也具备了一定的自学能力。她跟妈妈学到了很多自学的诀窍，比如上网查资料或读网络课程，去图书馆找书，买一些专家讲座的光碟来看，看报刊上的专栏文章，收听收看广播电视节目等。现在资讯那么发达，小慧觉得有充足的渠道进行自学。她不仅在各门功课上坚持自学，还自学托福，立志拿到全额奖学金，去美国读大学。

对于大部分的家长来说，都面临着时间和金钱双重不足的难题。这两个难题在当今竞争激烈的社会中，是不可能全部解决的。那么，家长唯一的出路就是自学。已经有无数的例子证明，自学是能够取得成功的。只是自学的这条路更艰难，更漫长而已。

特别提示【学习要讲方向和方法】

家长的自我学习和自我提高，是成为一个好家长的重要保障。

光知道要学习是不够的，即便已经付诸行动也还是令人担忧。为什么呢？这里有“学什么”和“怎么学”的问题没有解决。

学什么是方向问题。世界那么大，知识浩如烟海，你如果一头扎进去，只会被迅速淹没。所以，我们要告诉家长的是：你要事先明白自己的目的，理智地学习，不要受庞杂的无效信息的干扰。

怎么学是方法问题。成功都有一定的方法，需要遵循一定的规则。那些靠运气晕头转向地成功了的人是没有能力从一个胜利走向另一个胜利的，学习更是这样。所以，我们要建议家长的是：找到了一种适合自己特点的学习方法，学习上会事半功倍。

关于学习的方向与方法的问题，平时我们对孩子强调得多了，却忽略了家长自己。其实，家长在学习过程中，由于时间和精力有限，更需要摸索一套适合自己实际情况的学习方法。

【作业题】

1. 作为高中生的家长，您应该着重了解孩子的哪些方面？
2. 新的时代，高中生家长应具备怎样的素质？

第二章　现代理想家庭的四大类型

家庭是社会的基本单元，理想的家庭是孩子健康成长的乐园。和谐型的家庭是孩子安心学习、快乐生活的保证；学习型家庭有利于孩子良好学习习惯的养成；膳食型的家庭为孩子健康的体魄提供了有利的保障；健康型的家庭有利于培养孩子良好的生活习惯。

家长朋友们，请努力维护好孩子赖以生活和学习的地方，积极创设现代理想家庭。

本章将对创设现代理想家庭的具体方面进行阐述，希望广大的家长朋友能从中受益。

第一节　和谐型家庭：孩子安心学习的保证

一、儿子是个“和事老”

连女士怎么也不明白当初为什么跟老公结婚，好像他们从刚认识那天起就在吵架，一直吵到今天。如今夫妻双方都快五十岁了。随着更年期的临近，吵架愈演愈烈。每次吵架，儿子都在充当“和事老”的角色。

这个“和事老”却不是和颜悦色，跟你讲道理的那一种。

每次吵架，儿子就发火，冲着连女士和她丈夫一顿呵斥，更多的时候，儿子是在摔东西，手里捞着什么就摔什么，有一次，把他爸的手提电脑都摔了。没想到，连女士和老公的脾气不好，这儿子的脾气更暴。

更可怕的是，每次他们吵架引得儿子发了火，儿子这火几天都消不下来，他还把火气带到学校里。回家后，儿子还不做作业，你也不敢去管他。你说说他，他就会说：“都是你们闹的，你们不吵架，我能这样吗?”

连女士这儿子真是个“活宝”，见过劝架的，还真没见过这么劝架的。不过仔细想想，这样的状况还真不好。夫妻吵架事小，耽误了儿子的学习事大，儿子就这样以“大无畏的牺牲精神”对付你，你还不得干着急？干瞪眼？所以，夫妻吵架不可要，当着孩子的面，特别是上了高中的大孩子的面，是万万要不得的。

二、安静就能让孩子专心吗

如何给孩子提供一个专心学习的家庭环境呢？很多父母说，要让家里变得静悄悄地，不要打扰孩子，父母说话也要压低声音，甚至连关门声、脚步声都要尽量轻，最好轻到听不见。

这样的家庭环境就能让孩子专心吗？这样的家庭，说严重点，那是可怕的，弥漫着一种可怕的安静。孩子不知道这静悄悄下面都在发生着什么，你说话越轻，他就越想听到你说些什么，他越听不到，就越着急，甚至害怕。说轻点，那是冷，这样的家庭没有温情，跟学校里的自习课有什么两样？我们都说，家庭是港湾，孩子在家应该是轻松愉悦的，可以调皮，可以撒娇。父母刻意制造安静，以为这样就可以让孩子专心学习，那是大错特错了。长此以往，孩子会越来越不喜欢这个家，甚至越来越怕回这个家。现在越来越多的孩子放学不回家的现象，与父母刻意营造的这样的家庭氛围不无关系。

三、一起营造和谐家庭

家庭是社会的基本单元，一个和谐的家庭是和谐社会的一部分。家庭的和谐，不是某个家庭成员独立营造的。家庭里的任何一个成员，甚至是你家里的那条宠物狗，阳台上的那盆兰花，都有责任。那么，我们看看这些家庭是怎么做的。

1. 美满的家庭处处是和谐

周女士、罗先生以及他们的女儿罗曦还有他们家的小保姆阿霞组成了一个幸福美满的小家庭。

周女士是银行职员，工作很忙，但很开心，在单位的人缘很好，每天都是微笑着的。罗先生是一家外贸公司的总经理，工作起来是狂人的那种，但他玩起来也很疯狂，特别是在家里，你怎么看都不觉得他是个领导，倒像是个大男孩。周女士自怀孕时，就跟丈夫达成了一种默契，那就是当着孩子的面，永不吵架，永不冷战，每时每刻都要欢欢喜喜的。他们做到了，十几年来他们都是这样做的，所以，女儿上了高中了，都没亲眼见过父母吵过架，红过脸。

周女士家的小保姆换了好几个了，每一个来到她家，周女士给上的第一节课就是和谐，要小保姆在最短的时间内融入这个家庭，成为这个家庭营造和谐的一分子。周女士家现在的小保姆阿霞是女儿上高中后才来的，这女孩虽然只是初中毕业，但机灵得很，勤快得很。大家都很喜欢她，她也爱上了这个家。

至于女儿，更是家里快乐的公主啦！她说，她每天都寻找三件快乐的事情。比如，一天她在日记里写道：闹钟准时在六点钟把我叫醒，多么幸运哦，我又赢得了一个美丽的清晨，很多人还在睡懒觉呢！推开窗，爸爸养的小鸟唱着歌儿，它也在为清晨欢呼哦！来到洗手间，照照镜子，哇！老爸老妈给我的这张脸真的不错哦，白里透红……

这是一个令人羡慕的家庭，夫妻恩爱，女儿乖巧，连家里的小保姆都那么懂事，这种氛围甚至影响了家里的小鸟，那小鸟不是唱着欢快的歌吗？家庭环境是要花力气去营造的，只有家里的每一个成员都养成了一种好的生活习惯，有了一个健康的人生态度，像周女士这样的和谐、和睦的家庭才会形成。这样的家庭环境一旦形成，就会进入良性循环，孩子在这样的环境里，想不健康成长都难。

2. 离异的家庭也可以温馨

齐先生离婚了，儿子跟了齐先生。齐先生发誓一定要给儿子营造一个好的家庭环境，不想把大人们的痛苦传染给儿子。但儿子已经读高中了，懂事了，想法也多了。齐先生发现，无论他怎么对儿子好，儿子都是愁眉苦脸的，老师说他在学校里也是闷闷不乐，不爱跟同学交往，学习成绩也下降了。

齐先生找了一个机会，跟儿子进行了一次长谈。儿子终于打开了自己的心扉，他说他觉得父母离婚跟他有关，是他太不听话了，太不争气了。即便是跟他没有关系，他觉得他也应该对目前的情况负责，他觉得应该想办法让父母复婚，但他不知道该怎么做，他觉得自己很没用，是个失败的人。

齐先生终于明白了儿子的苦心，他很感激儿子能这么想，但也为儿子担心，怕儿子陷入自责的泥淖中出不来。所以，他告诉儿子："我和你妈离婚，你不需要负任何责任。现在，你也不要认为把我和你妈重新拉到一起是你的责任。目前最重要的是发展自己，好好学习，努力成为一个有能力的人。作为你的父亲，我会全力帮助你的，让我们一起努力！"

齐先生的这番话，不知道能不能从根本上扭转儿子的想法。但我们的确被齐先生这番话背后的爱感动了，即使没有彻底让儿子开朗起来，从此快乐地生活和学习，但对儿子的触动肯定很大，儿子会更认同他这个父亲。齐先生通过这次谈话，也走进了儿子的内心世界，当上了儿子的知心朋友。这样的家庭虽然是残缺的，但一样温馨。孩子美好的未来是可以期待的。

3. 自古英雄出寒门

小枫的父亲在小枫很小的时候就去世了，母亲由于常年劳作也瘫痪了。但母亲非常坚强，她尽自己最大的努力，在轮椅上坚持工作，在一家公司做出纳。不过所得的薪水很低，只能勉强供小枫上学。

小枫每天放学后，必须马上去妈妈上班的地方接妈妈回家，然后买菜做饭，给妈妈烧水洗澡。他的生活一半是学习，一半是照顾妈妈。他不知道同学们是如何过每一天的，他觉得他和同学们之间有着很大的差距。他从没有参加过同学们的生日派对，从没有跟同学们一起打过球，从不知道大家一起出去游玩是个什么样子。但他知道自己的每一天都是充实的，这充实里面还有淡淡的甜，特别是看到妈妈饱经沧桑的脸上露出笑容的时候。同学们在操场上打球的时候，正是小枫捧着书给妈妈念精彩章节的时候，同学们放学后讨厌回家，而小枫却是迫不及待，风一样跑到妈妈身边，他要让妈妈看到他快乐的样子。

小枫的学习成绩很好，除了班主任老师，没人知道他的背后有个这样的家庭，因为大家在他脸上找不到一丝忧郁。他是个阳光快乐的男生。

这个小枫很不简单，值得我们为他竖起大拇指。试想，如果小枫不这么快乐地面对苦难，而是整天牢骚满腹，那么他的妈妈纵然再坚强，也不能支撑多久。如果妈妈也倒下了，没了经济来源，那么小枫的生活会怎样呢？幸运的是，小枫有个坚强的妈妈，而这个妈妈又有小枫这么一个自强自立的儿子，这个家庭就变成了不幸中的万幸。小枫现在吃的苦，在以后必将成为他受用不尽的财富。

特别提示【千金难买一家和】

古今中外，有太多的例子不断地告诉我们一个道理：家和万事兴。很多富有的家庭，家庭成员不和睦，孩子教育不好，结果纵是家财万贯，也不幸福。而有些家庭，虽然不是很富有，但家长会说："孩子，我们家有取之不尽的财富，比如和睦、正直、诚实、助人、热情、分享等等，都是你们一辈子的财富。"

在包括金钱在内的所有的家庭财富里面，最可贵的就是和谐，就是家庭成员的相亲相爱，和睦相处。这样的家庭环境为孩子的成长提供了最好的保护，是孩子在家里能够安心学习的最大保证。很多家长为孩子求一方安心学习的家庭环境是费尽心思，但却忽略了这最简单的一招，值得反思。

第二节 学习型家庭：孩子良好学习习惯养成的基础

一、全职妈妈不称职了

儿子上了高中，成女士却犯了愁，她觉得她这个当妈的越来越不称职了。

成女士以前是某中学的语文教师，还一度做过市学科带头人。结婚生子以后，她渐渐地把精力放在培养孩子身上。老公经营一家大型企业，没有时间管孩子。再三权衡之后，她决定辞职，做一个全职妈妈。

实践证明，成女士这位全职妈妈当得非常成功。她每天跟儿子一起学习，一起运动，成了儿子最亲密的伙伴。儿子在小学和初中表现得非常优秀，成女士倍感欣慰。

儿子上了高中以后，成女士发现自己越来越赶不上儿子的成长步伐了。在语文学习上，她还能指导孩子，但在其他学科的学习上，她觉得越来越吃力。

成女士很苦恼，怕儿子看不起她，更担心自己苦心经营的学习型家庭就要因为自己的落后而前功尽弃了。

成女士的苦恼不是个案，她代表了很多高中生家长。孩子的能力和知识越来越丰富，而家长的学习力却在减退，此消彼长，自然而然就产生了差距。对于像陈女士那样的全职妈妈来说，更会感到自己“不中用了”，怀疑自己的价值，更担心孩子从此失去正确的引导。

二、歪看了学习型家庭

如今的高中生都是 90 后，他们的父母多是 20 世纪 60 年代末 70 年代初出生的。这些家长的文化素质较高，吃过苦，也经历过中国教育改革的阵痛。再加上近年来专家学者们对于家庭教育的呼吁，各种媒体对于家庭教育重要性的宣传，家长们普遍认同家庭教育，决心打造一个学习型家庭。

打造学习型家庭是家庭教育的最有效的途径。家长与孩子共同学习，一起成长，不仅在理论上成立，在实践中的可操作性也很强。成女士的教育方式在孩子读小学和初中时所取得的成功就是很好的证明。但是，成女士只是机械地理解了学习型家庭。她以为学习型的家庭就是家长与孩子一起做作业，一起学各科知识，孩子会的，家长也得会，而且还要充当孩子的领跑者。

成女士式的家长会越做越累，即使你水平再高，也有孩子"青出于蓝而胜于蓝"的一天，更何况是普通家长呢？显然，这种机械地打造学习型家庭的方法不具有普遍意义。

三、智慧型家长有锦囊

随着孩子年龄的增长，有些家长是越做越累，家庭教育的效果也越来越差，但也有一部分家长是越做越轻松。失败的家长往往总在抱怨孩子越大越难管，但成功的家长往往都会说："管孩子，就是孩子小的时候很费心。只要你在孩子小的时候付出了辛苦，帮孩子养成了良好的生活和学习习惯。孩子越大，你就会越轻松。"

我们把后者称为"智慧型家长"。下面我们就看看他们的"智慧"所在。

1. 跟孩子一起学习，但不是共同学习

余大姐在一家保险公司做推销员，她没有什么学历，但她的儿子却说她很有文化。为什么呢？因为儿子只要一回家，就看到妈妈在抱着一些保险类专业书籍和销售类图书看。儿子看

到妈妈那么用功，自己也不好意思看电视了，而是立即做作业。儿子做完了作业，看到妈妈还在聚精会神地看书，也就拿出老师推荐的课外书看起来。

一次，余大姐把几个客户约到家里来吃饭。饭桌上，客户问起保险来，余大姐非常专业地解答了客人的疑问，让他们痛痛快快地签了单。儿子被妈妈的专业精神震住了，他为妈妈竖起了大拇指："妈妈，你太牛啦！我要向你学习！"

不是余大姐"太牛"，而是她很好地做到了扬长避短。对于任何一个能够在自己所从事的领域里立足的成年人来说，他们面对自己的专业，人人都会有"两把刷子"。那么，作为家长，你就应该把你的本事展现给孩子看。而且，你还要让孩子亲眼看到，你的这些本事都是通过刻苦的学习得来的。

构建学习型家庭并不是让家长去做他们做不到的事情，更不是让他们做孩子的陪读。家长只要让孩子看到自己的学习耐力和能力就够了。大家可以站在孩子的角度想想，自己的父母不仅学习刻苦，而且效率很高，那么，他自己如果不刻苦，或者学无所得，肯定会觉得很丢脸。智慧型的家长并不是什么先知，他们只是把握住了孩子的一种心理。

2. 尊重孩子的兴趣，但不能无所作为

周老师是某中学的政治老师，她的儿子正好在她所在的中学读高一。儿子的学习成绩一直在全年级名列前茅，这跟周老师从小对儿子的教育分不开。但是，自从读了高中，儿子的个性开始凸显出来。

一天，儿子跟她说："妈妈！我不想读书了！读书多没意思啊！我要当李连杰第二，要练武，要当功夫之王！"周老师听了非常惊讶，这个昔日酷爱学习的儿子如今突然让她感到很陌生。她知道，儿子已经进入他成长中最后一个逆反期了。她把这个情况跟老公说了，老公也担心得不得了。

有了问题，就要解决。周老师设计好了一个方案。当儿子再次跟她表达自己的愿望时，她装得很开心地说："好啊！你当了李连杰第二，那我就是李连杰第二的妈妈啦！妈妈支持你！"她当天就带儿子去书店买了很多拳谱、剑谱等武术书，还请了一个武术教师每天给儿子上三个小时的课，教儿子从武术的基本功练起。三个星期后，她对儿子说："儿子，在家里练太慢了。咱干脆不读书了，我送你去少林寺！"这时，儿子急了，说："不！不！其实，我上个星期就想跟您说了，看了那么多书，我发现我不是练武的那块料。您可千万别送我去当和尚！我还要好好读书呢！"

的确，孩子的兴趣不能抹杀，你越压制，他就会越逆反。你不如给他想要的，但要有技巧地给，让他得到的同时又能看到自己的错误。

高中孩子因为年龄和阅历的特点，表现得有理想、有激情，但对自己缺乏综合分析，往往凭着一腔热情去做一件事。

如果家长对于孩子的决定直接给予否定，那一定会激起孩子的反抗。孩子会认为家长看不起他们，或者根本不了解他们。这个时期的孩子比小学和初中时期有更强的自我意识，也自认为有足够的能力。他们不会再像以前那样"委曲求全"，更不会"臣服"于家长。如果家长没有认识到这一点，还是一味地去"堵"，那么两代人之间的"战争"就不可避免。

对于这种情况，聪明的家长会采取疏导的方法，也可以说是"欲擒故纵"。家长可以暂时先满足孩子的要求，并有意识地用事实去证明孩子的要求是过分的，或是不适宜的。孩子看到了事实，不用怎么说服，自己也会放弃的。

3. 对孩子奖惩分明，但从不直来直去

老胡是全校闻名的好家长，但大家发现，当孩子犯了错时，他从不批评。亲戚朋友和邻居们也从没见过他对儿子大

发雷霆，或者在气头上数落孩子。他的孩子也犯错误，但从不犯相同的错误。人们纳闷：这老胡到底是怎么教育孩子的？

一次家长会上，老胡分享了自己的经验——“回家算账法”。

他说他一直坚持三个原则，即决不当着人的面教训孩子；决不在气头上训斥孩子；罚必须罚得孩子心服口服，奖也得有理有据。他跟孩子签了一份合同，对孩子的各种行为规定了奖惩办法，比如，在外面跟人打架，罚背《弟子规》20遍；做了某些好事，奖励一场电影等。孩子一旦犯了错，他当面不说，回家后把孩子叫到只有他们两个人的书房里，让孩子自己说按照合同的条款，该怎么罚。每次，孩子都心服口服，而且也深刻地吸取了教训。

老胡是一个很有智慧的家长，他明白孩子已经上高中了，开始要面子了，训斥他，肯定不行；动手打，你也打不动了。不如罚读书，或者奖看电影、音乐会等，这样既可以起到了奖惩效果，又为学习型家庭添加了“砖瓦”。

特别提示【智慧型家长不可复制】

会生孩子，不一定会当家长；能养孩子，不一定能教孩子；想教孩子，不一定能把孩子教好。所以，家庭教育一直是家长们面临的一个很难的课题。我们给出的建议是搭建一个学习型家庭，做智慧型家长。需要强调的是，并不是按照本节我们说的做了，你就是一个智慧的家长了。从来没有一种方法是放之四海而皆准的，我们列举的例子和给出的方法只是“抛砖引玉”，或者也就是给你提个醒，帮你打开思路。而你自己的问题，还得由你自己进行具体分析，那么开出的“药方”也一定是个性化的，独一无二的。

第三节　膳食型家庭：孩子健康体魄的保障

一、“后勤部长”要下岗了

女儿考上了市重点高中，需要住宿。郭女士一下轻松起来，感到很不习惯。几年来，她形成了条件反射，一到放学时间，她就急着去买菜，考虑营养怎么搭配。女儿和丈夫都很感激郭女士的辛劳，称她为家里的“后勤部长”。

然而，女儿住校了，丈夫也得到了提升，应酬多了，郭女士觉得自己要“下岗”了。她也安慰自己：趁机休息一下，老这么干，女人会老得快。但是，她并没有放松多久，因为她发现，丈夫和女儿的身体大不如前了。丈夫发福得很快，肚子隆起来像个小山包。女儿则正好相反，半年瘦了七八斤。正是长身体的时候，这还了得？

看来，郭女士还得老将出马。只要丈夫在家吃饭，她就变着法子给丈夫吃素。女儿周末回来时，她就想方设法给女儿补身体，让肉食唱主角，还给女儿买了保健品，恨不能把女儿一周的“亏欠”全补回来。最忙的就是丈夫和女儿都在家时，一边吃素，一边吃荤，郭女士还得监督他们不要偷偷换着吃。

郭女士的良苦用心换来的却是丈夫和女儿的拉肚子。丈夫在家总是清汤寡水，一旦外出应酬就暴饮暴食。而女儿呢？平时在学校以素菜为主，每次回家都油水过多，累坏了胃。

郭女士家的这种情况，在现在的高中生家庭里较为普遍。一方面是孩子大了，身体对营养的需求发生了改变，而且有的还长期住校，打破了以往数年来形成的平衡。另一方面，大部分的家庭主妇没有学习意识，对孩子各个年龄期所需要的营养结构不了解。她们总想给孩子多一些营养，其实，往往是事与愿违。

二、为何好心做了坏事

孩子读高中了，大部分的父母认为孩子的学习压力加大了，身体免疫力下降了。所以，不能缺了营养，要大补特补。

误区一：大用保健品。很多高中生住校，吃食堂。父母们认为大锅饭没营养，但又不可能顿顿饭去给孩子送，于是想到了保健品。反正吃食物最终是为了摄取各种营养素，不如吃保健品一步到位。有些高中生虽然不住校，但是父母总觉得自家的饭菜满足不了孩子的身体需要，也给孩子吃保健品。专家们已经发出警告，过多食用保健品对孩子的身体发育是非常不利的，而且由于孩子对这些保健品的认识不足，交给他们自己食用，可能会发生危险。有报道说，某学生中午吃了大量的海虾，然后回去按照习惯又服下了很多维生素片，结果中毒身亡。

误区二：以肉为主。孩子上了高中，父母就以为孩子耗费的能量多了，膳食应以肉为主。其实，人的肠胃是不适合整天大鱼大肉的。食物在肠胃里消化时需要大量的血液，如果长期以肉食为主，肠胃就长期处于疲劳状态，需要的血液就会更多。血液大部分被肠胃占去了，脑内血液供氧就会减少，导致大脑反应迟钝，思维混沌，不利于学习。对于那些周末才回家的孩子来说，暴饮暴食还会导致腹泻、食欲不振、虚火上升等问题。

可怜天下父母心。做父母的，都是想着怎样让孩子吃得更好一点，长得更健康一些。这些出发点都是对的，但在具体做法上，值得称道的父母却寥寥无几。

三、正确膳食大有讲究

生活中有很多不懂得用科学的膳食方法搭配营养的家长，但也有不少令我们竖起大拇指的家长，他们会根据孩子的特点，制订正确的膳食方案，为孩子拥有一个健康的体魄提供了最厚实的保障。

1. 一日三餐里有学问

许老师和丈夫都是高中教师，儿子就在他们所任教的学校里读书。他们住的是学校里的家属楼，儿子每顿饭都回家吃。

虽然工作很累，但许老师还是坚持顿顿亲自给儿子下厨。她知道，读了高中的孩子，对饮食的要求会更高。这事关孩子的学习和未来，马虎不得。她奉行的原则很简单，就是“早饭吃好，午饭吃饱，晚饭吃巧”。

曾经有段时间，儿子不想吃早餐。许老师坚决不允许这种情况出现，她逼着儿子吃。儿子不理解，她对儿子说：“不吃早餐的人容易得结石病，而且空腹上课，大脑必需的能量无法得到保障，你会感到头晕眼花，学习力不从心。长此以往，你还会出现低血糖以及晕厥的现象。”许老师不仅这样教育自己的孩子，她还经常这样跟班上的学生说。

午餐呢？许老师说，午餐是一天中最重要的一顿饭，因为它处在“承上启下”的时段，上午已经学习了几个小时了，下午还要学习几个小时，如果营养跟不上，学习效率很难保证。午餐时，许老师会给儿子补充足够的热量和营养素，让儿子多吃点肉和鸡蛋。晚饭是为了补充全天所耗费的体力和脑力，并为明天积蓄能量。许老师给儿子吃的是高能量的食物，但不能吃得过多，也不可过于油腻。

许老师在介绍这些方法时，一脸的幸福。她说，作为一个母亲，为孩子考虑这些、做这些是快乐的，即使有时候很累也乐意去做。当看到别的孩子一碰上天气变化，就病恹恹的，影响了学习，也影响了身体发育，她就觉得自己为孩子受苦受累受得值。她也衷心希望其他父母在听到她的讲述后，也这么做。

2. 忙碌的父母也有招

吴丹和丈夫廖永都是事业型的人，每天忙忙碌碌，就算是周末也难得跟孩子吃上一顿饭，就更不用说给孩子做饭了。但孩子一直非常健康，而且孩子经常说，这健康的体魄是父母平时努力的结果。

很多人不明白了，连饭都不做的父母也叫努力？

吴丹道出了其中的秘密。她说，她和丈夫虽然很忙，但很会养生。他们一有时间，就看营养学方面的书，并且把一些基本的知识用当面谈心、电话或者留字条的方式教给小保姆和儿子。这些基本的知识包括：①食物被加工得越少，营养价值就越大。所以，能生吃的东西，尽量生吃，比如水果沙拉、蔬菜等。②就餐要形成规律，最好是少食多餐，每天试着吃五顿：早餐、上午茶、午饭、下午茶、晚饭。③吃饭时要细细咀嚼，不可狼吞虎咽。④胃是不消化脂肪的，所以，少吃最好是不吃油腻的食物。⑤饭桌上不要出现咖啡、浓茶、香烟和酒，这些东西是破坏人的身体“生态环境”的刽子手。⑥要警惕商业用糖对你的包围，它们隐藏在巧克力、糕点、饮料里。

孩子长大了，懂得了这些原则，无论是在学校里，还是在家里，或者在同学的生日会上，都自觉遵循。

顾不上孩子并不等于没有教育孩子，也并不等于不关心孩子的成长。相反，吴丹和丈夫用间接的方式表达了对孩子的爱。既然做不到“授鱼”，那就“授渔”吧。孩子大了，送到他嘴边，不如装进他脑子里。

3. 懒爸爸的“三三制”

张溯源在家里是又当爹又当妈。老婆跟他离婚后，把女儿撇给了他。他也乐意要孩子，他说他有信心把女儿抚养得健健康康的。起初，朋友还不信，因为张溯源在朋友圈里是出了名的懒，老婆跟他离婚也跟他的懒有关。这么一个懒爸爸，能把女儿养好？

一年过去了，人们的疑问没有了。体检结果表明，女儿的各项健康指标比去年都好了很多。连张溯源的前妻见了女儿也纳闷：这个懒汉，到底用了什么方法？

懒汉张溯源其实也没有什么高深的秘方，他就是总结出了三条饮食禁忌和三条饮食必需，他称为“三三制”饮食法。

我们先来看张溯源所谓的三条禁忌。其一是忌食油腻的食物和刺激的饮料。油腻的食物容易让人饱，也使人对其他食物没有兴趣，影响了其他营养的摄入。那些刺激性饮料，比如浓茶、咖啡、汽水等容易导致胃痛，尤其是空腹的时候更伤身体。其二是不要偏食。在给女儿准备食物的时候，无论是在家里，还是在餐馆里，张溯源都力求做到花样多，口味好，而且侧重蛋白质的摄入，比如瘦肉、鱼、蛋、豆类等。其三是不要边吃饭边喝水，也不要用汤水泡饭。以前女儿喜欢用汤水泡饭吃，后来被张溯源制止。他告诉女儿：“这样会使唾液来不及和食物充分混合，汤水也会把胃肠消化液冲淡，影响了肠胃消化吸收功能，久而久之会导致胃病。”但饭前饭后，他都鼓励女儿喝汤。饭前喝汤可以润湿口腔，增进食欲；饭后喝汤可以刺激消化液分泌，有利于消化和吸收。

我们再来看看张溯源的三条必需。其一是多喝水。他要求女儿每天1800毫升的水，而且还是少量多次饮水，不要等到口渴了才喝。女儿喜欢喝饮料，不喜欢喝水，女儿还说班上有个女孩从记事起就没喝过白水，只喝饮料。张溯源坚决纠正了女儿的这种倾向，让女儿喝水。其二是多吃蔬菜水果。他要求女儿每天吃蔬菜不少于一斤，水果不少于半斤，无论是在家里、学校里还是外出都这样去做。其三是少吃多餐。凡是周末，张溯源总是和女儿一天吃四顿饭，或者五顿饭，每次少吃，总量要严格控制。

张溯源的“三三制”饮食法的确有它的科学依据，而且也的确取得了成效，值得大家借鉴。张溯源在介绍完他的方法后，特别强调了两个字——坚持。这里的坚持指的是三个月以上。他说：“如果不能坚持这样做，你们一定会认为我是说大话，骗人的。但如果你们坚持了，你们也会跟我一样非常兴奋地把自己所做的告诉其他人，帮助其他人。”

特别提示【几类预防疾病的食物】

一般来说，菠菜、油菜、苦瓜、鲜藕、芹菜、黄花菜、绿豆、桂圆、鸭肉、鸡蛋、乌鸡、蜂蜜、梨等食物有清肝明目和祛热清火的效用。

糯米、小米、豆类及其制品、胡萝卜、西红柿、猪肝、鸽蛋、鲤鱼、南瓜、大麦、人参、兔肉、牛肉等食物具有健脾养气、补血养心的作用。

富含蛋白质的蛋类、豆类、瘦肉、鱼肉，含钙丰富的虾皮、海带、核桃等，以及含硒丰富的动物肾、海产品、大米等食物可以保护孩子的视力，消除眼疲劳。

第四节 健康型家庭：孩子良好生活习惯养成的前提

一、天才孩子的失败

刘建青从小就被人们认为是个天才，上小学三年级时，他的作文就拿了全国大奖。为此，他所在市的作协主席亲自到他家里去看望这个作文天才。刘建青从没有受过专门的作文训练，他说他只是把自己头脑里的东西写了出来而已。

上初中时，刘建青参加全市数学大赛，获得了第二名。他也完全没有受过特别的训练，同学们怎么上数学课的，他就怎么上。而那个获得第一名的，爸爸是数学老师，妈妈是个会计，从小就在数学的营养液里泡着。

刘建青不光是一两门功课好，他是每门功课都很棒。他以优异的成绩考上了重点高中。刘建青是以总分第一的成绩考入这个学校的，所有人都认为他考北大毫无悬念。

然后，上了高中之后，他却遇到了很大的麻烦。老师和同学们发现，刘建青的生活一塌糊涂。这个高中是全寄宿学校，每个学生都必须自己照顾自己。刘建青却没有这种能力，他从小就由妈妈陪着，他只管学习。

无奈之下，为了儿子的前途，妈妈只能辞职，在学校附近租了房子，陪着儿子读书。

现在，陪读的妈妈很多。你随便到一个学校，查问一下周围的出租屋，就会发现这一现象。可怜天下父母心，这种牺牲令人不忍责怪这些父母。但是，陪读陪到什么时候呢？是不是到了大学还要陪读？有报道称，到了大学还陪读的父母也有，而且还不少。高中是一个孩子一生中的关键时段，特别是对于那些需要寄宿的孩子。这个时段是对父母十几年教育孩子的一次总检验，也是孩子独立生活能力的一次总实战。

二、别再当他是孩子

在父母的眼里，孩子永远都是个孩子。作为一份感情，这没错，但如果你把这份感情用来作为培养孩子的指导思想，那就大错特错了。

孩子都上高中了，还不会开煤气，父母会说："他还是个孩子。"孩子不会自己洗衣服，父母还是会说："他还是个孩子。"作为一个孩子，只要把学习成绩搞上去，其他的都不需要考虑。这样下去，孩子除了在考试上生龙活虎之外，在人生的任何一个舞台上，他都显得呆头呆脑，无所适从。

很多老教师在品评自己的学生时，老在纳闷：为什么那些成绩好的学生本科毕业了，或者拿到了研究生学历了，到头来却给那些曾经学习不好的打工呢？这些老师说得没错。事实上，把那些高智商的同学纳入麾下效力的是那些懂得打理自己生活的人，是那些拥有良好生活习惯的人。

我们身边不乏这样的例子，那些高智商、高学历的成功者却不能打理好自己的生活。

所有成功，都源于父母。而成功的父母呢，就从不把已经读高中的孩子还当个孩子开始吧。

三、简单的就是健康的

人们常说，事业、金钱、爱情等一切都是后面的零，健康才是前面的一。无论对于谁来说，健康都是第一位的。对于高中生来说，你学习再好，你各项素质再高，没有一个健康的身体，一切都是无源之人。这健康来自哪里呢？来自良好的生活习惯，是良好的生活方式日积月累形成的。那么，什么才叫良好的生活方式呢？又如何形成习惯呢？其实，没那么复杂。简单的就是健康的，健康了也就什么都简单了。

1. 好好吃饭，好好睡觉

谢铭是个民间奇人。为什么这么说？首先他生活在民间，看上去跟普通人没什么两样。其次，他在国学、佛学、音乐等方面颇有造诣。他还教育出了一个非常优秀的儿子。他儿子不仅学习好，各方面素质高，更是一个小国学家。虽然才是一个高中生，但只要你愿意点，他就能背诵，不管是先秦的，还是晚清的，只要你能想到的，他都能给你背出来，还能给你解释。

他怎么教育儿子的？谢铭说的方法没一个人相信。

他说："我的儿子不是什么神童，也没有像其他孩子一样三岁就把唐诗宋词背得顶呱呱。我没有给他请老师，也没有给他特殊的训练。我只是让他从小就遵循一个道理：好好吃饭，好好睡觉。最科学的生活方式，莫过于此。一个人只要拥有了好的生活方式，并养成习惯，那么，他的发展就排除了摩擦，像真空运行的物体一样，兴趣所在，成功所至。"

人们提出了疑问：谁不会好好吃饭，好好睡觉啊？这样的生活方式也算最科学？

谢铭说，吃饭、睡觉是很简单，但有几个人能真正做到呢？人们总是在吃饭的时候想着其他的烦心事，或者把吃饭当成谈生意的途径，这能叫好好吃饭吗？你的胃能好吗？人们总是在睡觉的时候心里牵挂着别的，导致失眠、做噩梦什么的。这能叫好好睡觉吗？很多学生吃饭的时候，脑子里还想着英语单词，睡觉的时候还牵挂着那道白天没有解开的数学题，结果饭也没吃好，觉也没睡好，学习当然也学不好。

吃饭睡觉是最平常的事，但仔细想想，谢铭说的太有道理了。正是这最简单的事情，我们却很少有人能够做好。一个人连饭都吃不好，连觉都睡不好，还谈什么好的生活方式？很多父母为了让孩子试验一些据说是从专家那里咨询来的针对孩子个性特点的生活方式，结果搞得孩子饭吃不香，觉睡不香，这不是本末倒置吗？所以，真正好的生活方式，首先是好好吃饭，好好睡觉。

2. 运动和动脑一样重要

老赵的儿子赵彬然学习好，身体也很棒。你要问彬然为什么学习那么好？他会告诉你，那全是有一副好身板的原因。他的身体好，精神爽。别人犯困的时候，他精神抖擞；别人病恹恹时，他生龙活虎。你说，他能不比别人强吗？身体是革命的本钱，这本钱全是靠运动得来的。

在彬然刚会走路的时候，老赵就天天早上带着他去河边做操。做什么操？是老赵自己编的，类似于“五禽戏”的那种操，但模仿的都是他们身边熟悉的动物，比如小狗啦、小猫啦等动物的动作。他这个天天早上做操的习惯坚持了近二十年了，已经成了习惯。

除了早上做操，彬然上高中后，还养成了另一个习惯，就是每天下午课外活动时间，围着操场跑3 000米。别人都拿这段时间去加班学习了，彬然却雷打不动地去跑步，除非下大雨，否则他从不间断。这两项简单的运动，帮助赵彬然赢得了一个很棒的身体。

生命在于运动。一副好身板是运动得来的，好成绩的背后肯定是一副好身板。作为父母，应该宁愿自己的孩子有个好身体而学习一般，也不要让孩子以身体为代价去换取一时的成绩。所以，身体跟成绩一样重要，甚至更重要；运动跟动脑一样重要，并且更多时候是相互促进的。

3. 让作息规律成为习惯

自从上高中以后，于克就开始一个人生活了。他的父母因为工作关系，都去了美国。本来父母想给于克请个保姆的，却被于克拒绝了。于克说：“我已经长大了，能够自己照顾自己了。我的初中三年不早已经证明了这一点吗?”

于克说得没错，他从初一开始就等于自己打理自己的生活了。他根据自己的特点和学习的情况，制订了一个作息表，严格地去执行。如果有新的变化，比如课程调整，自己的年龄增长了什么的，就做出相应的调整。初中三年，于克没怎么让父母操心。

如今上高中了，于克花了两天的时间，重新调整了作息表。他对父母说，他有信心自己过好这三年的高中生活。虽然远在美国，但是父母还是信了他。他们用一件小事，检验了一下于克。事情是这样的：他们某天晚上故意给于克发来了电子邮件，让于克连夜写一篇文章。于克写完时，已经是凌晨三点多了。六点半，他们给儿子打卧室里的电话，没人接；再打手机，儿子说他正在花园里晨练呢！这就对了，儿子的作息表里，六点半是晨运的时间。即使睡得再晚，儿子还是在遵守自己制订的作息表。

于克父母这一招有点欠妥，但的确检验了儿子，他们也从此放心了。六点半起床运动不一定适合每一个孩子，于克这个例子的可借鉴之处在于他把作息表固定成了习惯。每个人都能够根据自己的特点制订一个适合自己的作息表，这个并不难，难就难在天长日久地去坚持。一开始肯定很难，要用毅力去完成，但是坚持了一段时间以后，就成了习惯，成了自然而然的事情，像火车进入了轨道一样。

【作业题】

1. 如何创建和谐型家庭?
2. 如何做学习型的家长?
3. 孩子的膳食搭配要注意的问题有哪些?

第三章　帮助孩子迈好高中第一步

中学生从初三升入高中，无论从学习内容、学习方法、教学形式、学校管理，还是学生自身的身心变化，都有了质的转变。要面对复杂的人际环境，家长要教育孩子以自信、宽容的心态，尽快融入集体。

家长应让孩子做好自主学习的准备，让孩子逐步培养主动获取知识、巩固知识的能力，并在学习过程中根据自己的特点找出一套行之有效的学习方法。

孩子还要面对更抽象、更难的课程，面对更激烈、更紧张的竞争，家长要让孩子做好承受压力、经受挫折、忍耐寂寞的心理准备。

家长要做好各方面的准备，帮助孩子调整好心态，使孩子尽快完成角色转换，度过“更学期”。

第一节　帮孩子做好准备

一、别让“更学期”闪了腰

陈蕾有个非常优秀的儿子，又懂事学习又好，堪称完美。但是中考一结束，他就有些变化。中考成绩公布后，他考得特棒。陈蕾很高兴，儿子更是乐上了天，跑出去跟同学唱歌唱了个通宵。第二天，他居然将所有初中的教科书卖了废品，把学习笔记卖给了学弟，并当了一回“暴走族”，背着书包去旅游。后来他发现旅游不如睡懒觉，不如躺在床上看电视，结果是晚上不睡，早上不起，还迷上了玩游戏。陈蕾听说过有些孩子就是这么疯玩，没有做好上高中的准备，结果开学后完全不适应高中的生活，心收不回来，上课迷迷糊糊，一开始就落后了，陈蕾为此焦虑不已。

陈蕾的担心并不是多余的，她儿子如果再这样下去，就会跟她听说过的那些孩子一样。

中学生从初三升入高中，无论从学习内容、学习方法、老师的教学形式、学校管理，还是学生自身的身心变化，都有了质的转变，因此这一阶段有人称为“更学期”。不少高一新生及家长由于对“更学期”缺乏认识，未能及时调整。结果孩子上高中后不仅没有将初中时的好成绩保持下去，反而对高中的学习生活产生消极、沮丧、焦虑、烦躁等情绪，导致学习成绩下降。家长应该运用一些方法使孩子更快更好地度过“更学期”，步入人生中的又一个关键期。

二、高中不是初中的简单延续

高中不是初中的简单延续，高中的学习与初中的学习迥然不同。

1. **学习方式的变革**

与学生的年龄和所学知识的内容相关，高中生的学习不再像初中生那样主要靠记忆，更多的是思考和理解的能力，要求要有更强的分析、概括、综合、实践的能力，将基本概念、原理消化吸收，变成自己的东西。学生往往觉得高中压力大，需要一段时间的调整，有的甚至整个高中三年都没有调整过来。所以，提前了解初高中的学习差异是非常重要的，这便于学生尽快地进入角色。

2. **找到适合自己的学习方法**

了解高中生活的途径有很多，最好的是认识正在上高中的学生，请他们讲讲高中生活，把孩子的疑惑说出来请他们提些建议，向他们讨教一些高中的学习方法，结合孩子的实际情况，找到适合孩子的学习方法。

说高中不能照搬初中模式，并不是要把初中和高中划清界限。高中不是初中的简单延续，但毕竟还是延续，新知识是建立在旧知识的基础之上的。所以，初中课本不能丢，初中知识更不能丢。不仅不能丢，还要利用上高中前的时间好好复习，巩固强化。

三、指导孩子过好暑假

儿子知道自己考上了重点高中后，一下子放松了下来，开始疯玩。胡女士为了及时纠正儿子这种倾向，便告诉儿子，高中阶段的课程比较难，有可能一开学就跟不上，所以暑假一定要对初中知识做一个总结性回顾，然后看一看高一课本。但不要看到高一的知识不是太难就自满，或者贪多求快，要进行扎扎实实地预习。此外，她还鼓励儿子在暑假里多看名著，多看主流报纸和杂志。

胡女士的做法不错，但没有层次性。如果一开始就这样要求孩子，那么孩子的暑假也就玩不起来。所以，我们认为暑期生活应该分三个阶段：

1. 以放松为主，学习为辅，时间大约占暑假的三分之二

家长可协助孩子制订一个作息表，要有规律地放松。家长可以指导孩子进行体育锻炼，为即将到来的三年艰苦学习练就一副好身板。家长还可以鼓励孩子去博物馆、科技馆、美术馆、天文馆参观，拓宽知识面，还可以到图书馆看看杂志、报刊，阅读一些课外书。如果条件允许，家长还可以带孩子去旅游，游览祖国的大好河山，看看外国人的生活习俗。

2. 以学习为主，放松为辅，时间大约是暑假剩下的三分之二

前段时间总是在玩，初中知识忘得差不多了，如果不学习一段时间，很难顺利跟高一进行衔接。所以，家长应督促孩子把初中知识复习一下，尤其是英语和数学。

3. 模拟高中学习，时间以开学前一周为佳

初中以记忆为主，而高中以理解为主。而且，初中以现象教学为主，而高中以理论教学为主，很多孩子觉得高中的课程太抽象，听不懂。家长应让孩子通过一些途径，比如去已经开学的高二班上旁听一下，或者跟高中的老师聊一聊，了解高中教师的授课方式，改变自己的学习方法。还可以在开学前找几本高一课本预习一下，找找高中学习的感觉。

四、帮孩子准备好开学物品

开学之前，孩子要准备一些开学要用的物品。就要开学了，孩子很兴奋，也很紧张，在准备物品时容易丢三落四。这时，家长就要做好查漏补缺的工作。

如果孩子要住校，家长最重要的就是要给孩子准备好必要的生活用品。学校会提供床、被褥等，自己需要准备的是洗漱用品、睡衣裤、拖鞋、洗晾衣用具、针线包等。有条件的家长还可以为孩子准备一个药盒，装上一些常用药。如果是女孩子，建议家长不要让她带太多玩具，因为会影响宿舍的整洁，会导致全寝室“扣分”。

除了书包、笔、本子，家长还要提醒孩子准备三角尺、圆规等数学课上必须用的物品。书包最好选择带有荧光条的，这样晚上行路时会比较安全，特别提醒的是书包的带子要进行加固处理。

家长还要为孩子准备一些书。对于高中生来说，准备教辅书是必要的。但教辅书不要买太多，要重质量，要少而精。家长应该建议孩子购买老师推荐的教辅书。中学阶段英语的学习比较重要，一般要准备牛津或剑桥等较为权威的英汉、汉英词典。此外，家长还应该给孩子买一些文学名著和科普方面的书。

五、帮孩子顺利度过“更学期”

阿凯觉得高中和初中差别不大，不都是学习吗？初中前几年，阿凯都是玩过来的，到了最后一年拼一下就考上了高中。他决定高中也这么干。但是，他的爸爸却不这么认为。他告诉阿凯，高中时期的学习跟初中可不一样，再这么干肯定会失败。高中更强调的是均衡用力，更注重平时的自觉学习。高中的课本比较难，要勤学好问，时刻保持旺盛的精力，不要松劲，要做到细水长流。

阿凯的爸爸有一定的预见性，提早给阿凯打了“预防针”。有人说，准备上高中和刚入高中的孩子处于“更学期”，有诸多的不适应。我们认为，只要准备得充分了，可以将这个“更学期”缩短，甚至跳过。下面，我们总结几条供家长们参考。

1. 要自主学习，找出适合自己的学习方法

家长应让孩子做好自主学习的准备，让孩子逐步培养自己

主动获取知识、巩固知识的能力，并在学习过程中根据自己的特点找出一套行之有效的学习方法。

2. 要重新对自己进行定位

进入高中阶段的孩子自我意识很强，对别人的评价很敏感，也常常拿自己跟别人比。家长要告诉孩子，进入高中后，素质高学习好的学生会更多，产生心理落差是正常的，不要过分在意，而应该让自己尽快进入学习状态。家长要告诉孩子不再“领跑”不要紧，关键是要客观分析自己的长处和短处，给予自己正确评价，不断向目标努力。

3. 要做好吃苦准备

进入高中，孩子要面对更加复杂的人际环境，家长要教育孩子以自信、宽容的心态，尽快融入集体。孩子还要面对更概括、更抽象、更难的课程，面对更激烈、更紧张的竞争，家长要让孩子做好承受压力、经受挫折、忍耐寂寞的心理准备。

特别提示【出国读高中应注意的要点】

一些家长准备让孩子到国外读高中，下面一些事项需要注意：

1. 家长不应该强制送孩子出国读书。孩子只有自己想出去，有求知欲和进取心，才有学习动力。如果只是被逼出国的话，这个年龄的孩子很容易产生逆反心理，在国外远离父母，而且在各种诱惑繁多的情况下，孩子会出现很多问题。

2. 家长要准备好足够的资金。对留学生，各国都要求有一定数量的担保金，而且必须是银行中的存款。不过，各国要求的存期不一样，数目要求也不同。另外，还要对资金的合法来源进行解释。国外读书的费用较高，比如，在英联邦国家完成高中和大学学业至少得有上百万人民币。

3. 孩子得有一定的英语基础和学习能力。在完全陌生的语言环境下，几乎一切都需要靠英语去交流，因此，要出国留学的孩子应当尽量在出国前打好一定的英语基础并培养一定的学习能力。

4. 孩子得做好一些必要的准备工作。在出国前要提醒孩子做好心理准备，注意培养孩子的心理自我调节能力、社交能力和生活自理能力。在出国前要安排好正规的住宿和监护人，安排好孩子的饮食起居。家长跟孩子要保持沟通上的通畅，要能在问题发生之前或者发生后第一时间协助学校或监护人帮孩子将问题解决。

第二节 重点高中和普通高中各有优势

一、两姐妹的高中之路

徐贵贤有一对双胞胎女儿，不仅长得漂亮，学习也都很好。从小学到初中，徐家两姐妹都在一个班上读书。但是，考高中时，姐姐因发挥失常没有考入重点中学。于是，从高中开始，姐姐读了普通中学，而妹妹上了重点。

妹妹一直都是有姐姐比着才不敢松劲，现在姐姐落后了，她好像一下子“减压”了。而且，人们都说重点高中实际上是重点大学的“预科班”，只要跟上不落下就可以了。妹妹的确没有被落下，但是她也无法像初中时那样一路领跑了，她只是在班里处于中上游而已。

姐姐一直都比妹妹学习好，但中考时却发挥失常，屈身到了普通高中。但这没有让姐姐感到失落，反而激发了她的斗志。从高一的第一次测验开始，她就是班里的第一名，往后她总是遥遥领先，让第二名落下一大截子。当受到表扬时，她总是告诉自己：这是普通高中，不比妹妹所在的重点。如果把我放到妹妹那里，就不值一提了。于是，家长和老师越是表扬她，她越是用功学习。基础知识打牢后，她越学越轻松。

三年后的高考，妹妹毫无悬念地考上了重点大学，而大家都担心的姐姐却以全市第三名的身份考上了清华大学，成为当年的一匹“黑马”。

徐家两姐妹的经历说明了一个道理：不管是读普通高中还是重点高中，只要努力，都能成功。而单从这个事例本身来说，读了普通高中反而是好事，它激发了姐姐的潜能。试想，如果姐姐当年发挥不失常而去了重点高中，她在高中里的学习欲望就不会那么强，也就不会那么容易考上清华。

如果孩子在读重点高中，家长可以把这个事例当作反面教材讲给孩子听，告诫孩子不要松劲，否则会“一退千里”。如果孩子在读普通高中，那家长讲这个事例就是正面的了，可以告诉孩子要向徐家姐姐学习，在逆境中奋起，打一场漂亮的翻身仗。

二、读“重点”不骄，读“普通”不馁

很多家长从孩子读小学一年级起，就不断地告诉孩子要考个重点高中，然后水到渠成地考个重点大学。他们认为，如果连重点高中都考不上，那么考名牌大学就是在做梦。所以，当孩子读了普通高中后，家长比孩子还消极，好像已经看穿了孩子的未来一样。

考上了重点高中，就能“水到渠成”地考入重点大学吗？其实未必，每年都有很多重点高中的学生没有上重点线，甚至落榜。这是为什么呢？我们不妨先看看重点高中的劣势。重点高中的学生都是精英中的精英，大家在初中时都曾是一等一的高手，但有比较毕竟就有高下，继续处于金字塔顶端的人毕竟是少数，大部分人都不得不成为“平民”。这种落差，很多孩子受不了，不能正确面对，有的甚至自暴自弃，成绩每况愈下。读重点高中还有很多虚幻的光环，学生总以为自己在重点高中就算是做个尾巴，拿到普通高中都是头，所谓鸡头永远比不上凤尾。结果，就算成绩不好，他们也有一种虚无的优越感，盲目乐观，结果会输得很惨。

相反，即便是读了普通高中，也有可能考上自己理想的大学。很多学生读普通高中并不是成绩差，而是中考时发挥得不好。他们到了普通高中后，都憋着一股子劲，学习非常刻苦，立志三年后拿下高考，一雪前耻。这就叫“哀兵必胜”或者叫“卧薪尝胆”，中考失利的痛苦正好成了他们前进的动力。一部分成绩的确差的学生也有上进心，他们觉得已经到了无路可退的地步了，不如破釜沉舟，背水一战。没有退路的老虎是最凶猛的，绝地反击的战士是最凶悍的，他们往往能够超越自我，创造奇迹。

家长在教育孩子时，自己应该首先破除重点与普通的偏见，然后想办法把孩子调整到最佳的竞技状态中去。聪明的家长会给读重点高中的孩子适当泼泼冷水，而给读普通高中的孩子打打气。这样，前者就有可能不会过于骄气，而后者则有可能不至于太消极，胜不骄、败不馁正是成功者的基本素质。

三、指导孩子发掘普通高中的优势

覃先生的女儿学习很用功，但仍然没有考上重点高中。一段时间里，女儿的情绪很低落，觉得自己无论如何也考不上重点大学了。覃先生告诉女儿不要气馁，他帮女儿分析了两点。

首先，他告诉女儿，考重点大学并不是唯一的理想。在当今情况下，重点大学和非重点大学反映在就业上的差距已经越来越小了。很多重点大学的毕业生反而眼高手低，找不到工作；而一些非重大大学的毕业生却因为能够很好地认清自己的能力，就业率并不低，就业的质量也不错。所以，对能不能考上重点大学不要太在意，关键是能不能学到本事。

其次，他告诉女儿，普通高中也有优势，得靠自己去发掘。不要老是两眼盯着学校的不好，要有一双发现的眼睛，把学校的优势与自己的优势结合起来。

在覃先生的开导下，女儿很快走出了低谷，开始用最大的热情投入到学习中去，渐渐地她适应了普通高中的生活和学习，并处处走在同学们的前面。

这样的例子，我们每个人都很乐意看到，这又是一起成功的家庭教育案例。

普通高中的劣势是生源差、师资差、教育理念落后、政府投入不足等。但是，普通高中也有许多自身的优势。比如普通高中升学的压力相对较小，一线教师可以有效地开展教学教研活动，最终是学生受益。而且，普通高中学生层次差别大，各种矛盾更容易在实际教学和生活中显现出来，能够早发现早纠正。纠正了一个就教育了一片，对学生的群体来说是好事。

此外，有研究者认为：一些“差生”或调皮的学生有良好的非智力因素，例如精力充沛，好奇心强，有的还有较强的组织能力，人际交往能力，体育运动能力，具有自我发展的趋向。只要加以正确引导，扬长避短，“差”的状况就会改变。跟这些人一起学习，并不是坏事，有时候反而能给自己以启发和激励。

家长应该告诉那些没考上重点高中的孩子：自己的智力因素可能比不过重点高中学生，但在非智力因素方面却可能有过之而无不及，所以，更要端正学习态度，摈弃自卑观念，勤奋学习，勇敢地往前冲。

四、指导孩子利用重点高中的优势

付女士的儿子并不是很聪明，但是由于学习用功考上了重点高中。他自己也觉得自己能考上重点高中有点不可思议，觉得自己多半是靠运气得来的。

上了高中后，他发现自己的判断没错，自己几乎是班里垫底的。他感到压力非常大，想转到普通高中去。

付女士决定开导一下自卑的儿子。她跟儿子说：“当时你考上重点高中的确是出乎我们所有人的意料。但是，后来仔细想想，我们觉得考上是应该的。因为你用功啊！上了高中，智力在学习中所占的比例比初中时要小，你用功就更有优势了。而且，重点高中的师资力量强，教学水平高，对你的学习更有利。我们相信，只要你继续努力学习，当再一个奇迹发生的时候，我们每一个人都不会感到惊讶了！”

付女士更多的是在给儿子打气，通过分析儿子自身的优势来给儿子树立自信心。同时，她也提到了重点高中的优势，劝儿子好好利用。

重点高中的优势非常明显，我们总结了五条，供大家参考。

1. 重点高中的名校效应

重点高中数量很少，大家往往是仰视它，一听你是重点高中的，大家都会给你竖大拇指。你的父母也会非常开心，你的一些要求他们会尽量满足你，家庭环境会也因此变好，和谐的局面很容易达成。这些对于那些心态好的孩子来说，都可形成有益的推动力。更有甚者，你在考大学的时候，招生办的老师也会因为你出自名校，而对你刮目相看的。

2. 丰富的校园生活

重点高中的规模往往比较大，人数比较多。在这样的校园里学习和生活，孩子的视野会比较开阔，人际交往能力也会得到很好的锻炼。

3. 更多的社会实践活动

重点高中的社会影响力大，很多社会团体都乐意跟重点高中合作，给学生们提供更多的社会实践活动的机会。

4. 更多的竞赛机会

重点高中往往有参加各种大赛和竞赛的传统，而且老师也有这方面的指导经验。孩子拿了奖在未来的高考中还可能会加分，甚至免试。

5. 更多的信息渠道

重点高中送出去的学生遍布全国各大高校，他们都可以给母校提供各高校招生、录取方面的信息，特别是现在越来越多的高校开始自主招生以后，这样的信息就更加珍贵。

所以，家长一定要把重点高中的优势说给孩子听，帮助孩子利用好这些优势，增强学习的动力，累积考入理想大学的筹码。

特别提示【说说重点高中与普通高中的老师】

一个公认的事实是：重点高中的老师水平高，经验丰富；普通高中的老师要么就是太年轻没经验，要么就是能力平平。

重点高中的老师还承担着很多科研任务和出题任务，他们会频繁地被派出或邀请去学习或授课，他们可能还是高考出题组的命题人。他们的太多时间被这些事情占据，留给学生们的时间其实并不多。

普通高中的老师以年轻人居多，年轻人没经验，但他们有干劲，有理想。他们会一心扑在教学上，关心每一个学生的学习。这样的老师，纵然水平不高，但却是每个孩子的福分。

第三节　高中各阶段的学习策略

一、摸着石头过河

郭茵上了高中以后，对于如何学习大脑里一片空白。每一步，她几乎都是在摸着石头过河。

高一的时候，面对新的学习环境和新的教学模式，她一度非常迷茫。爸爸跟她说，感到迷茫是好事，这是考验，也是机遇。这个时候，最紧要的不是学习多好，而是着眼于做好三件事：一要树立信心，适应环境。二是养成良好的听课习惯。三是建立知识网络。接纳了爸爸的建议，郭茵的高一学习就这样有条不紊地进行下来，算是初战告捷。

到了高二，郭茵开始了自己规划。她知道，高二阶段的学习是高中阶段最重要的，除了日常学习，还有选修课，又要面临会考。她打算在高二时这样做：首先要正确评估自己各方面的水平，做好文理选择，然后确定选修课。选择选修课一定要把自己的兴趣和爱好和自己的知识情况进行综合考虑，还要听取老师家长的建议，这是你为高考做出的第一步关键选择。其次，在高一的基础上，继续完善各科知识架构。大体的构架搭设起来不难，难就难在一些细节上，要注意找出自己的不足，有缺口务必补上，不要拖落。再次是不要满足于做对了单个题目，而是要看是否形成规范的解题思路。最后是不要轻视会考。很多学生一门心思地准备高考，却在会考时翻了船，这叫“出师未捷身先死”。

如今，郭茵已经准备跨入高三了，她又要考虑高三的学习策略了。她开玩笑说：“当年的改革开放都是摸着石头过河呢！我摸着石头过高中，也会成功的！”

这个郭茵真让她的爸爸妈妈骄傲，也让我们羡慕。

关于高中三年的学习，大致来说，有三个指导思想：一是要科学合理地安排时间，以学为重，但要注意劳逸结合。二是寻找适合自己的正确的学习方法，让学习越来越有效率。三是可以有选择性地报名参加一些辅导班，要重点考察辅导班的老师以及辅导班的人数。

二、到了高中，女生会比男生笨吗

常听到有人对自己的儿子说：“别怕，上了高中你就跟上了。”有人对自己的女儿说：“不要松劲哦，上了高中，你的优势就没了。”甚至很多老师也这么认为：上了高中以后，女生明显地不如男生。大家都这么认为，结果给了女生们一些不良的心理暗示，她们会觉得上了高中就笨了。其实，这对男生也不是好事，让他们不是去争取好成绩，而是在等女生的后退。

已经有不少专家指出，认为高中女生比男生笨是错误的。实际上，女生在智力水平上超过男生的事例举不胜举，试想居里夫人的成就，又令多少男性自叹不如、羡慕不已。

科学研究表明，从总体上看男女在智力水平上并没有什么差异，只是因男女性别的差异，会有一些不同而已。生理上的不同不会导致智力水平的高低，只会在智力上各有特点、各有优势。在思维特点上，男生在抽象思维方面有一点优势，而女生在形象思维方面又胜男生一筹。不能说男生有时做数学题比女生快就说比女生聪明，其实女生的细心往往在最终得分上显出优势，毕竟考试中难题怪题不占主流。

从现实状况来看，确实有一部分高中女生成绩有所下降，但这不是由智力因素引起的，而是由非智力因素引起的，也不是普遍现象。当然，家长也要看到高中女生在生理上比男生的变化要大一些，会给学习带来不利的影响。因此，家长应教育女生多一些努力和自制力。

从近十年来的高考看，女生的升学率高于男生，特别是名牌大学，甚至有人说是出现了“阴盛阳衰”的情况。难道这还不能说明，女生并不比男生笨吗?

三、高考从高一开始

张宁读高一的第一天，爸爸就跟他说：“虽然你刚刚读高中一年级，但在高一就要看到高三。”张宁记住了这句话，他不断地告诫自己：光阴流逝，要想使高中三年过得有意义并且最终能考上理想的大学，那么现在就要养成良好的学习习惯，找到一套适合自己的学习方法。

张宁咨询了很多师哥师姐，甚至让爸爸妈妈谈当年他们的高中学习策略。后来，他综合各种说法并结合自己的实际情况，总结出了以下五点：其一是听课时要想能够有重点地学习，就要课前预习，并找出问题。其二是认真听讲，将老师在课堂上讲的重点抓住。其三是上课记好笔记，要会记笔记，概念不用记，要记老师对要领的解释。其四是完成一天的课程后把当天所学的内容看几遍，想一遍，直到全部理解后再去做题，不要只是应付作业。其五是每次考试前都将这段时间的知识体系回顾一遍，然后把平时作业和从前试卷中做错的题重新再做一遍。

就这样，张宁很快走出了适应期。

由于教育环境的变化、教学内容的加深、教学方法的改变、初中思维定式的制约等，在入学的前两个月里，有超过三成的新生不能适应高中学习，表现为情绪低落、心理锁闭、学习惰性等。

这里首先需要的是观念的转变。孩子们在初中时都出类拔萃，是在父母和老师的一片赞扬声中走来的。但“山外有山”，各路精英来相会，自然就有高下之分。家长应告诉孩子不要失落，而要重新定位，再次起航。

再次起航的关键是寻找好的学习方法。张宁的方法值得参考，下面我们分学科谈谈。

1. 语文学习

首先要把课内的基本知识诸如字词、句法等掌握好，然后就加大课外阅读，要读精短的文学、科普和时文。

2. 英语学习

我们建议学生每天晚上将白天学的单词背一遍，语法记一遍，早自习再回忆一遍。如还有余力，可以背课文，背多了语感也就出来了。

3. 数学学习

学生应将数和形很好地结合起来，让每一条知识都在头脑里形成图像。另外，数学要多做题，掌握多种题型。

4. 其他学科

如物理、化学、地理、生物，都要根据学科特点发掘学习方法。但无论什么方法都不可照搬，关键的还是与自己的实际情况相结合。

四、高二过好文理关

文理分科后，虞苒有点手忙脚乱了。她选的是文科，只对语文和英语感兴趣。有一段时间，她曾错误地认为理科与文科的学习方法有着天壤之别，甚至不可调和。她一看到数理化就头疼，想到就发怵。可是理科也要会考啊，到底怎么分配时间和精力呢？她很苦恼，去问老师吧，感觉不太好意思。问父母吧，父母也不懂。由于内心很矛盾，她不仅对学好理科丧失了信心，对文科也开始有点厌烦了。

有的学校到了高二，文理就泾渭分明了；有的学校虽然没有分，但学生心里基本有了方向。按理说，文理分科了，学生的学习目标应该更明确了。但相当一部分学生却认为自己的阵营已经划分清楚，做好自己的“本职工作”就可以了，“分外”的可做可不做。这是一种错误的认识，常常给学习造成障碍，下面我们结合教学实践和大家谈谈文理科学习方法的问题。

1. 文科学习要把握“宏观”二字

学生要先看目录，了解这门学科的整体脉络。然后再具体到每一章，背熟这章里每一节的标题，掌握这一章的脉络。然后再具体到每一节，掌握这一节的脉络也是靠熟悉小标题。这样一步一步深入到具体的章节中，从而把握住每个细节。这样就从整体到了局部，即从宏观到了微观，之后，再把学到的知识归纳整理，回归到宏观认识。这就是先把书读薄，再把书读厚，最后再把书读薄。

2. 理科学习必须从微观入手

因为理科知识之间独立性强，而且注重细节，所以理科学习必须从微观入手。理科也需要记忆，但应该是理解基础上的记忆，“不求甚解”是行不通的。科学来不得半点虚假，必须一丝不苟。

当然，任何事物都不是绝对的，文理之间是相通的。在人类发展的历史上，自然科学与社会科学在互相促进中携手并进，比如一些大科学家往往也是大思想家，或者是受了某些思想家的影响。近几十年来，许多交叉型边缘学科不断兴起，更加证明了这一点。

所以，家长在指导孩子学习时，要注意文理科的融合。学文科时要有学理科时锲而不舍的劲儿，学理科可以利用学习文科的方法归纳题解，进行分类记忆。

五、别把高三当炼狱

文轩自从上了高三后就高度紧张，在日记里写自己身处“炼狱”。爸爸看到文轩学得那么累，觉得应该好好跟儿子谈一下。

他首先教育文轩要有坚韧的品格。高三这一年是人生的关键一年，此时不拼更待何时？所以拼劲是必要的，放松反而不可取。压力和动力是此消彼长的，有时候压力会转变成动力。其次，他要文轩保持豁达的心态，对于学习成绩要积极争取但不要强求；对于自己要严格要求但不苛求。第三是最实用的，就是教给了他一些实用又简单的提高学习效率的方法。比如，保持足够的睡眠；所有课内作业当天及时完成；课后较少在难题上浪费时间；自习课上不问问题，课下也要减少问老师的次数，提高每次问问题的质和量等。

在爸爸的指导下，文轩的学习适度从紧，每天过得很有节奏，心里感觉很充实，学习成绩也上来了。

说高三是“炼狱”的学生很多，他们遇到的问题跟文轩刚上高三时遇到的一样。幸好文轩的爸爸及时给予了指导，这些指导适用于任何一个高三学生，希望广大家长参考。下面，我们重点讲讲高三的复习策略。

1. 第一轮复习

高三第一学期算是第一轮复习，大约持续五个月。第一轮主要是基础复习，每一个科目都会逐册逐章地复习。老师会把以前的内容再讲一遍，但不会再详细地讲解。学生要紧跟老师的节奏，做相应的同步练习，把以前没懂的弄懂。家长应该提醒孩子在这个阶段切忌急躁，要循序渐进、查缺补漏，把每一个细节都复习到，不要花太多精力在那些综合性、高难度的题目上。

2. 第二轮复习

从寒假至第一次模拟考试前，大约四个月。这个阶段是整个复习中的“黄金期”，是全面而又高效的复习。考生这一阶段的任务是把前一个阶段中较为零乱、繁杂的知识系统化、条理化。这次复习后就是一模了，如果考得好，家长要提醒孩子不要沾沾自喜；如果受挫，也要告诉孩子不要气馁，不到高考谁都说不准。

3. 第三轮复习

从一模结束至高考前，大约两个月。这是综合复习阶段，学习当然重要，但学生应当调节自己的学习和生活节奏，放松一下绷得紧紧的神经。家长要提醒孩子每天不必复习得太晚，要赶快调整作息习惯，与高考同步；也不必再做过多习题，更不应死抠难题和偏题，应少而精地做题。

特别提示【高中生八大学习误区】

1. 很多学生忽视基础知识的学习，忽略知识体系的构建，而花大量的时间去钻研一些难题、偏题和怪题。

2. 很多学生把绝大部分时间花在自己喜欢的科目上，甚至因为讨厌一个老师而不去学他教的科目。

3. 很多学生眼高手低，不喜欢动手。他们听老师讲例题或者一看参考书就以为自己会了，实际上是做了“夹生饭”。

4. 很多学生疲于应付，或机械地做作业，或搞题海战术，他们往往不认真对待做题时发现的问题。

5. 很多学生对所学的知识满足于知其然而不知其所以然。

6. 一些成绩好的同学自命不凡，看不起老师或者不愿意听讲，结果忽略了很多细节性知识，以后怎么补也补不上来。

7. 很多学生像个录音机，老师讲什么，他们就记什么。什么都不愿放弃的同时，也会忽略了老师精辟的分析。

8. 很多学生晚上开夜车，白天没精打采，形成恶性循环不好改。

第四节 兴趣、动机和策略：一样都不能少

一、儿子懂得“四两拨千斤”

孙女士的儿子读初中的时候成绩不怎么样，却考上了高中。这孩子脑筋很灵活，可就是不用功学习。上了高中以后，儿子还是老样子，但学习成绩却一路攀升。经班主任老师介绍，孙女士才知道儿子学习的奥妙。

儿子上了高中后，渐渐地明白了妈妈平时唠叨的苦心，觉得再不好好学习，人生可能就荒废了。但让他闷头死学又不是他的性格，他决定先从每门功课的兴趣入手。然后，渐渐地总结适合自己的学习方法。高一半个学期下来，他越学越有劲。第二个学期一开始，他就给自己制订了以后两年半的学习计划，把通往大学的路分隔成一段一段的小终点，只要每一段都跑好了，自然全程都会跑好。他总结自己的学习是“四两拨千斤”，不是死学，是巧学，每一步都充满着他个人的智慧。

孙女士的儿子可谓是“大器晚成”，他走的就是发掘兴趣、确定动机和注重策略的路子。

心理学告诉我们，一个人的学习效果是由三个因素共同起作用的，它们分别是：学习兴趣、学习动机、学习策略。这三个因素好比学习的一个三角支架，相互作用，非常稳固，共同为学习助力。如果把学习比喻成一部车，那么兴趣是学习的发动机，有了兴趣才会有学习劲头；动机是学习的加油站，在动机的推动下，学习才能可持续发展；策略是学习的润滑剂，有了恰当的策略学习才能顺利进行，事半功倍。

二、“用功”不等于“成功”

不少家长认为，孩子上了高中，只要用功学习，不谈恋爱，就一定能学有所成，考上理想的大学。

这是把孩子当成一个机器人来看待了，以为给他们输入一些基本的程序，他们就会按照既定的方案去做。这是行不通的，孩子不是机器，他们已经有成人的思想和感情了。

如果他们对学习提不起兴趣来，那么，任你怎么逼迫他们都无济于事，很有可能还会激起他们的逆反心理，跟你对着干。如果他们的学习动机不明确，不知道为什么学习，他们就没有坚强的毅力，即便是一时的兴趣使然，也不会持久地学习。如果他们在学习时不讲策略，盲目地硬拼，不得其法，也一定会处处碰壁，丧失信心。

所以，家长不要简单地看孩子用不用功，而是要跟孩子一起分析学习的兴趣点如何发掘，学习动机如何树立，以及学习策略如何制定、学习方法如何寻找。事实证明，努力了不等于成功，光知道逼迫孩子用功学习，会把孩子学傻，学成书呆子。即便是考上了大学，又有什么用？与其要一个迂腐的大学生，不如要一个智慧的高中生，毕竟学历主宰一切的时代已经不复存在了。

三、兴趣是学习的发动机

上高一的张浩是大家公认的电脑高手。在家里，爸爸的电脑遇到问题了，他就成了爸爸的“救星”；在学校上电脑课时，同学们私下里都拜他为师；邻居家的电脑出现故障了，也会打电话让他去排除。

张浩怎么会成为电脑高手的呢？

这是因为他对电脑特别感兴趣。初中开设电脑课时，他就被电脑迷住了，总是围着老师问这问那。后来家里买了电脑，为了能玩电脑，他宁愿把一半的家务承担下来。直到现在，连父母都知道，一旦他学习累了，让他玩玩电脑就等于是让他休息。

张浩在钻研电脑知识时总是乐此不疲，这么多年来他不知不觉掌握了电脑方面的很多东西，成为“电脑高手”也就不足为奇了。

兴趣是最好的老师，所谓“知之者不如好之者，好之者不如乐知者”，张浩乐于玩电脑，自然也乐于学电脑。对电脑的兴趣成了他学习电脑知识的发动机。

人只要对某样东西产生了浓厚的兴趣，学习起来就不会感到累了，他会在愉快的心情中将这样东西学好。很多成功者，比如诺贝尔奖获得者，都是因为他们对某样东西有了浓厚的兴趣，才有了无穷的动力，最终使他们登上了科学的巅峰。

兴趣是从哪里来的呢？

有的时候，兴趣是不期而遇的，它会在某个时刻跟你邂逅。比如张浩对电脑就是"一见钟情"的。当然，这只是个案，很多兴趣都是在不知不觉中自然形成的。这种兴趣有一部分是健康的，家长应该让孩子将这样的兴趣变得越来越浓；但还有一部分是不健康的，就拿电脑来说吧，有些孩子一味地玩游戏，上一些不良网站，那么家长就应立即限制。渐渐地，孩子就能够自己分清楚健康与否了。

自然形成的兴趣毕竟是少数，而且不稳定，真正沉稳而深厚的兴趣是培养出来的。比如学习英语。自然形成的兴趣是极为少见的，那怎样让孩子对英语产生浓厚的兴趣呢？一位家长是这样做的：他得知一位英语老师英语水平很高，教学水平也出类拔萃，不久前通过了严格的考核获得了去澳洲学习的机会。临行前，他委托这位老师多拍些照片回来。老师回来后，他又委托老师给孩子讲澳洲之行，并给孩子看澳洲的照片，并趁机对孩子说："从小要学好英语，长大了就有出国的机会。"从此，孩子对英语就有了浓厚的兴趣，英语成绩开始上升。

由此看来，家长要做的是保护孩子自然的学习兴趣，并主动培养孩子的学习兴趣。当兴趣产生后，家长要努力使孩子持久地保持兴趣，从而真正具有强大的学习动力。要知道：绝大部分人正是因为不能保持持久的兴趣，而与成功失之交臂的。

四、动机是学习的加油站

某机构对某校的 1 000 名高中生做了个调查，结果显示：学习动机不太明确的占 80%。一个女生说，她没有什么理想，读高中一半是给父母读的。也就是说，这位女生没有强烈的学习动机，她的学习是机械的，被动的。

没有强烈的学习动机，就好比一辆汽车没有足够的油，发动机是空的，自然跑不起来。

学习动机的实质是学习需要，是在社会、学校、家庭，特别是家长的影响下产生的。学习动机可以引发学习行为，能将学生行为引向一定的学习目标，并避免、摒除那些与动机、目标实现不利的行为，直到既定的目标实现。

那么，该怎样培养和激发孩子的学习动机呢？

1. 告诉孩子要明确学习的目的

知识是力量，学习是获取知识的唯一途径。家长要让孩子明确学习的社会意义和个人意义，要把当前的学习与未来理想、实际应用联系起来，以激发孩子的求知欲。

2. 要强化学习目标

家长要不断地提醒孩子为自己设立的学习目标，并告诉他离目标还有多远。孩子看到自己学习上的进步，已有的学习态度和方式得到肯定，学习动机就会更加强烈。

3. 要培养上进心

上进心强不强对学习影响很大。上进心强、抱负水平高，将持续地推动学习活动高效率地进行。反之，则使学习处于被动状态，产生厌学情绪。

4. 让孩子结交学习动机强的朋友

个人的学习动机由于想得到所在集体的重视而受到激发的，学习效率也可以由此而提高。所以，家长应鼓励孩子进入一个学习动机很强的朋友圈子。

五、策略是学习的润滑剂

杨柳读高二了，从刚读高中那天起，爸爸就告诉她：“上了高中，学习上要更讲策略。”爸爸虽然没有给她什么具体的指导，但她还是觉得受益匪浅。

上高中以来，杨柳就注重去发现和运用学习策略。比如平时做作业吧，她先回顾一下老师在课堂上讲的内容，弄清楚知识点的生成过程以及彼此之间的联系，思考知识的运用要点和方法。这样再动手写作业，教材上纯文本的死知识立即就在练习与实践中变成了活的知识。这样做起作业来非常的快，而且真正达到了做作业的效果。

学习跟打仗一样，必须要讲策略。学习策略就是学习者为了提高学习的效果和效率，有目的、有意识地制定的有关学习过程的复杂方案。它有几个特点：策略都是主动的，体现了学习者有意识、有目的地对学习过程进行的思考与筹划；策略是立竿见影的，是会迅速反映在学习上的；策略是一个过程，它规定了学习时做什么不做什么、先做还是后做、用什么方式做、做到什么程度等诸多问题。

下面，我们从战略与战术两个方面谈谈学习的策略。

1. 战略上，我们对学习要给予一定的蔑视态度

学习并不可怕，更没有必要把它当成敌人。家长要教育孩子要学会当学习的主人，要独立自主地学习，要有怀疑精神，不能让自己成为知识的仓库，而应该让自己的大脑成为知识的加工厂。针对课堂学习而言，要学在老师前面，不能让老师牵着走，要有“吾爱吾师，吾更爱真理”的精神。

2. 战术上，我们对学习要高度重视

家长要提醒孩子注意知识的消化，只有消化了才能把复杂的知识简单化，才能把握住学习的脉络。但是学习不要贪多，知识是环环相扣的，学习应循序而进，不要企图一口气吃个胖子。还要懂得将学到的知识融会贯通，举一反三，将死知识变为活知识。然后，要注意专心学习与及时复习相结合，学会利用分散的学习时间，而且要不懂就问，学会反省，做到学以致用。

所以，如果把人比喻成一部车，那么学习策略就是润滑剂，少了它，再大的动力，再多的油也会开不顺畅。

特别提示【兴趣、动机与策略缺一不可】

我们说兴趣、动机与策略是孩子学习的三个支点，在分析的时候也是分开说的，好像真的就像是一个三脚架一样，彼此不相往来，只是间接发生着联系。

真是这样的吗？不是！

这“三姐妹”不仅同根，而且连体。兴趣在很多时候起源于动机，而兴趣一旦产生，还是要靠动机来长久地维持下去。如果没有好的学习动机，学习兴趣也不会健康，即使健康也不会长久。反过来，如果没有兴趣，所谓的学习动机也只是空中楼阁，实施不了。当然，如果没有学习策略的话，学习就变成了鲁莽行为，看上去很忙碌，其实没有效果。

所以，家长在指导孩子学习时，千万不要把兴趣、动机和策略割裂开来，来所谓的“各个击破”。家长要全盘考虑，统一进行。

第五节　让孩子的人格健康发展

一、孩子过于依赖别人

石女士的儿子读高一了，虽然年龄大了，但他从小养成的依赖别人的毛病却没有多大改变。

在没有从他人处得到大量的建议和鼓励之前，他对日常事物，哪怕是搬搬凳子那样的小事也不能作出决策。他总是希望别人替他作决定，去哪里读书他听父母安排，如何学习他听老师指示，课间玩什么他听同学们怎么说。很多时候，他明知别人错了，也倾向于附和别人，生怕被别人遗弃。他的那种过度容忍的毛病让石女士很担忧，他总是为讨好他人甘愿做自己不愿做的事。在遭到批评时，他很容易想不开。

石女士的孩子在人格上有依赖倾向。他宁愿放弃自己的个人兴趣和自己的人生态度而依赖别人，为的是给自己找一座靠山。他不想自己获得什么自由和独立，而是想时刻得到别人对他的温情。一旦受到他所认定的“靠山”的忽略或批评，他就受不了。

这样的孩子会变得越来越懒惰，心态会越来越脆弱，没有什么主见，也不会有什么创新的举动。他们处处委曲求全，感觉人生很痛苦，生活很压抑，他们对社会丧失了信心，甚至连个人的爱好都没有了。

高中生正处于人格出现偏差的关键年龄，家长应对孩子的人格变化给予足够的重视，及时引导。否则任其恶化下去，不仅会影响孩子的学习，还会变成影响孩子一生的人格障碍。

二、别轻易说孩子有人格障碍

一些家长动不动就说自己的孩子有人格障碍，或人格缺陷，其实，没那么严重。他们之所以那么说，是因为他们对什么是人格障碍不太清楚。

人格障碍，是一种介乎精神病与正常人格之间的过渡形态，表现为人格特征偏离正常，行为模式与常人有所不同，不太适应周边的环境，可能会影响到其社会功能，严重的甚至会与社会发生冲突。

人格障碍常始于青少年，持续至成年甚至老年。人格障碍有时与精神疾病有相似之处或易于发生精神疾病，但其本身并不是病态。青少年的行为异常只要没有影响到他的社会功能，就不是人格障碍。那些因严重躯体疾病、脑器质性疾病、精神分裂症、情感性精神病、严重的或灾难性精神刺激所导致的行为异常，也不算是人格障碍，只能算是人格改变，无须送到精神病院。

根据《中国精神疾病分类与诊断标准（第二版）》所述，只有符合下面三项条件的人才被判定为人格障碍。

①在情感、警觉性、冲动控制、感知和思维方式等方面有明显与常人不同的行为模式。

②这种特殊行为模式是长期的，持续性的，不限于精神疾病发作期。

③其特殊行为模式致使其社会适应不良。

所以，家长在判定孩子的人格问题时，要有科学依据。如果故意把孩子的“病情”说得过于严重，无疑是把非病态的孩子往病态的路上推。

三、人格障碍的预防与治疗

孩子出现行为问题时，父母决不能疏忽大意，不能听之任之，应当及时用科学的方法给予纠正，将人格障碍消灭在萌芽状态。

家长如果发现孩子的人格出现异常，可带孩子做专业的人格测试。

治疗要及时，方法要得当。如果一旦出现人格障碍，首先要做心理治疗，改变患者的社会和心理环境，要求同学、老师、朋友做到“见怪不怪”，对其异常的言行谅解、理解，并尽力给予热情的关怀，取得其信任，设法让其融入集体，建立起良好的人际关系，这是进一步帮助其改变的前提；然后慢慢地教育其懂得尊重他人、尊重自己、“尊人者、人尊之”“送人玫瑰会手留余香”的道理；再进一步让其认识到自己个性的缺陷，进而采取各种方式、方法去健全其个性行为和心理。当然较为严重者就需要药物辅助治疗（因为人格障碍分为许多种类型，所以用药及剂量是不同的，有较强的专业性，需要有权威专门的心理卫生部门诊疗）。

四、“好孩子”的人格障碍

有些孩子是大家公认的“好孩子”，他们对父母、老师的提议和要求，总是答应得非常爽快，但做起事来却总是消极拖延，总有很多“合理”的借口。即使他们把事情做了，也总让人觉得别扭，让人有想发火却又不知从何说起的感觉。

这是一种比较隐蔽的人格障碍。这类人习惯以弱势的姿态进行攻击，他们从表面看来总是在委曲求全，但背地里却不合作，内心里满是敌意和火药味，惯于在暗地里破坏或阻挠他人做事情，经常牢骚满腹心里却又十分依赖权威。他们往往会激怒当事人，却能赢得他人同情，将当事人置于舆论声讨的位置。

这种人看似很“智慧”，其实很傻。他们常常成事不足败事有余，伤害最大的最终还是自己。家长对有这种倾向的孩子应当给予足够的警惕。

家长要让孩子认识到这种偏向会对整个人生道路造成很坏的影响。然后，让孩子逐渐改变原来的行为模式。必要时要请专业人士对孩子进行系统的辅导。家长一定不能说孩子的这种行为不道德，而是要给孩子说话的机会，鼓励他们说出心中的想法。情感得到了宣泄，孩子的心理自然就会回归常态。

五、塑造孩子健康的人格

朱女士曾在广州听过著名青少年问题研究专家孙云晓的报告，她对一句话记忆深刻。孙云晓说：“能发现孩子有10个优点，您是优秀的父母；能发现5个优点，您是合格的父母；如果一个都没发现，您就该下岗了。”

从此，朱女士尽力去发掘孩子的优点，通过激励孩子来培养孩子的健康人格。

朱女士经常变着法子表扬儿子，有时是一句称赞的话，有时仅仅是一束关注的目光。她把跟儿子的交流看做高于一切的事情，能理解与尊重孩子是她认为的交流最高境界。她从来都不摆高高在上的姿态，总是以平等的姿态和孩子交友。

朱女士用的是赏识教育。赏识就像阳光，能把孩子的心照亮。

很多家长望子成龙心切，对孩子的期望值过高，看不到孩子的优点，总是批评孩子，结果扼杀了孩子的自尊和自信。这些家长应该跟朱女士学习，拥有一双发现的眼睛，看到孩子身上更多的闪光点。

培养孩子健康的人格，我们还有三点要嘱咐家长。

1. 家长应引导孩子活泼起来，具备良好的交际能力

现在每个家庭往往只有一个孩子，孩子容易养成孤僻、任性和自私自利的毛病。家长要多带孩子参加公共活动，培养他们活泼开朗的性格，让他们在交往中学会交际。

2. 家长要培养孩子良好的行为习惯

良好的习惯是人的健康心态的重要母体，家长应该帮助孩子克服不良的行为习惯。培养孩子的良好行为习惯需要家庭、学校的紧密配合，但家长的作用更加直接和重要。家长应该帮助孩子养成讲文明懂礼貌的习惯、“言必信行必果”的习惯、善于思考与善于发现的习惯、每天坚持读书的习惯、谦虚好学的习惯，等等。

3. 家长要营造一个和谐的家庭环境

孩子生长在宽松、和谐、温情脉脉的家庭中，他们的心态会更平和，心胸更豁达。他们从小感受到温暖的亲情，对这个世界充满了美好的憧憬。他们的理解力与承受能力都比较强，对事物、环境、学习有着健康的眼光。因此，他们更容易宽容、同情、谅解和帮助别人。

总之，培养孩子健康的人格，家长要付出更多的努力。以上提到的几个注意的方面必须是建立在家长拥有一个健康的人格基础上的。离开了这个基础，任何方法都没用。

特别提示【青少年几种常见的人格问题】

1. 偏执型：惯于猜疑，过分警惕与防卫；过分自负，将失败归咎于他人；容易产生病理性嫉妒等。

2. 分裂型：对喜事缺乏愉快感，对生活缺乏热情和兴趣，我行我素。

3. 冲动型：发作没有先兆，不考虑后果，不能自控，易与他人发生冲突。

4. 强迫型：希望遵循一种常规，无法适应新的变更。缺乏想象，不会利用时机，做事过分谨慎与刻板。

5. 表演型：惯于以过分情感化和夸张的言行吸引他人注意。

6. 悖德型：缺乏同情，缺乏人间关爱，缺乏罪恶感，也不易接受教训，缺乏自我控制能力。

7. 自恋型：自以为了不起，好出风头，要求旁人都得按照他们的意志去做，不择手段地占人家的便宜。

8. 被动攻击型：这种人惯于隐藏内心的愤懑和仇恨。对分配给他们的事情，当面答应，却找借口故意把事情搞砸。

【作业题】

1. 家长该如何帮助孩子度过“更学期”?
2. 作为家长，您是如何看待出国留学的?
3. 除了孩子的学习，您认为还有什么是高中阶段应该重点关注的?

第四章　高情商是孩子全面发展的需要

同等智商下，忍耐力和抗挫折能力强的孩子学习成绩往往偏好。这就要求高中生的家长有意识地锻炼孩子的情商，为残酷的高考“厮杀”搭建坚固的心理防线。

积极乐观的精神状态、爱国爱家的高尚情感、扎实宽厚的科学知识、健康稳定的心理素质、不畏艰难的创新精神、孝亲尊师的感恩情怀、高超的人际交往能力是当代高中生要具备的7种基本素质，家长应有意识进行培养。

高中正是培养孩子高情商的关键阶段，家长朋友应抓住机会，努力培养情商、智商平衡发展的新时代青年。

第一节　高中生应具有的七大素质

一、孩子是个“火药包”

柳絮的儿子是个聪明的孩子，他的高智商是有目共睹的。但是他的脾气不好，动不动就发火。特别是上了高中以后，他更加趋向于情绪化。虽然学习成绩依然名列前茅，但是柳絮担心儿子会因为脾气不好而最终影响学习。

柳絮的担心是有根据的。一次，儿子的作业交晚了。儿子交作业一向是很准时的，那次是因为儿子被学校团委叫去参加一次校级演讲大赛的彩排活动，忘了交作业。老师不知道他去参加彩排了，也没问原因就把他批了一通。儿子觉得很委屈，当即跟老师争了起来，还赌气不交作业。后来，儿子不仅没交作业，连第二天的演讲比赛也没参加，甚至还不愿意去学校了。柳絮说了他两句，他又跟柳絮吵起来。

柳絮找儿子的班主任说此事，班主任说这孩子平时就爱耍小脾气，受不得一点委屈。这次，当然也有老师的错，但让老师跟他去道歉又欠妥。这真让班主任犯了难，他准备亲自去柳絮家走一趟，跟这孩子好好聊聊。

可以说，柳絮儿子的情商太低了。孩子上了高中后，学习能力就不仅仅是智商说了算了，情商开始成为重要因素。到了高三，就孩子个体来说，情商就会取代智商成为孩子学习成绩的主要推动者。同等智商下，忍耐力和抗挫折能力强的孩子学习成绩往往偏好。这就要求高中生的家长有意识地锻炼孩子的情商，为残酷的高考“厮杀”搭建坚固的心理防线。

二、赏识教育不好使了

现在社会上很流行“赏识教育”，动不动就说：“孩子，你是最棒的!”这种风气感染了很多高中生的家长。一些家长认为，孩子在学校里的压力已经够大的了，回到家后就不要再给孩子负担了。不管孩子怎么，都以赞扬为主，为孩子频频竖起大拇指。

赏识教育是一种很好的教育理念和方法，对于年龄小的孩子，特别是对那些自信心不足的孩子来说有奇效。但是对于高中生来说，未免就有些小儿科了。高中生的自我意识已经觉醒，并随着年级的上升而变得愈加强烈。他们对事情的分辨和分析能力已经达到了成人的水平，特别是在是非真假问题上。你说他是最棒的，而分明他在班里是很差的；你为他竖大拇指，他却感觉所有的同学都在嘲笑他。他会把你的这种“善意的谎言”理解为虚伪和做作，甚至认为是另一种嘲笑。

所以，对于高中生来说，家长除了要有必要的表扬之外，更多的应该注意对孩子进行挫折教育，让他们看到做成一件事情有多难，感受“好事多磨”的滋味。而且，也要让他们明白，不是所有的好事都最终能够顺利办成，有些努力虽然付出了但不一定有效，要让孩子学会忍耐，甚至是忍辱负重。这不仅对孩子高中三年对付一次又一次的考试有帮助，对孩子的一生都大有裨益。

三、七大基本素质要具备

有些基本的素质，高中生必须具备，否则很难顺利地走过高中。而这些素质的培养往往是家长起主要作用的。我们总结了七条，介绍给家长。

1. 培养孩子积极乐观的精神状态

家长在社会上打拼，时常处于激烈的竞争中。家长的忧患意识和焦虑情绪往往会影响到孩子，使孩子从小就很难乐观开朗起来。这样的孩子往往敏感脆弱，遇事容易消极对待，不利于学习和身心的成长。俗话说，获得成功的都是那些笑到最后的人。所以，家长在孩子面前不要表现出悲观失望情绪，看到孩子消沉的时候要及时地给他打气，让他重新斗志昂扬起来。

2. 培养孩子爱国爱家的高尚情感

人如果没有大爱，那么他也很难爱身边的人，甚至难以爱自己。连自己都不爱的人是可怕的，他们往往是社会潜在的祸患。家长可以跟孩子一起看一些以“爱”为题材的影视剧或者书籍，当然不是看那些“老掉牙”的，而是看近几年的作品。比如军旅题材的《亮剑》《士兵突击》等，抗震救灾题材的《震撼世界的七日》《五颗子弹》等，还有大量的宣扬真善美的作品，家长都可以跟孩子一起读，一起看。

3. 让孩子具备扎实宽厚的科学知识

科学是理性的，可以培养孩子冷静思考问题的习惯。没有科学的社会是不可想象的，没有科学知识武装头脑的孩子是可怜的。无论孩子以后从事什么职业，都离不开一定的科学知识储备。这些知识一要博，二要专。家长要教育孩子广泛地阅读科普书籍，要尽量多地涉猎科学知识。对于那些跟自己的学科相关的知识，或者就是自己所学的科目，比如物理、化学等要往深处钻，要学得比别人强。家长还要告诉孩子，等孩子长大后，依然要最大范围地学习科学知识，同时对与自己所从事的行业相关的知识要专门研究，力争成为本行业里的专家。

4. 培养孩子健康稳定的心理素质

心理素质健康稳定的人其成功的几率远远大于那些心理素质较差的人。心理素质较强的人还可以把一些不利的因素转变成有利的因素，把问题变成机会。曾经有个故事说，两个人从牢中的铁窗望出去，一个看到泥土，一个却看到了星星。前者最终无法忍受牢狱的痛苦而死去，后者却靠着坚不可摧的心理素质熬到了获得自由的那一天。很多学生平时学习成绩不错，但由于心理素质不好，遇到一小点意外就不知所措，结果严重影响了临场发挥。培养孩子的心理素质最好的办法是多让孩子独立面对挫折和失败，或者在“兵临城下”的时候运用情境想象的方式做好最坏的打算。其实，“世上本无事，庸人自扰之”。一个坚强的人，无论遇上什么事，都可以坦然面对。

5. 培养孩子不畏艰难的创新精神

21 世纪是知识经济的时代，而知识经济的实质和核心是创新。创新是一个民族进步的灵魂，是国家兴旺发达的不竭动力。今日创新型的高中生，就是未来国家创新型的建设者。家长应该大力培养孩子的创新意识，让孩子对自然界和社会中的现象具有好奇心，不断追求新知，独立思考，能够解决他自己尚未解决的问题，使自己的知识水平和能力有所提高。平时，家长可以设计一些问题情景，让孩子在解决问题中锻炼创新能力。家长可鼓励孩子用发散性的思维方式去思考问题，答案也可以走多元路线。当然，在思考的过程中，一定会遇上很多困难，其中有些看似是无法克服的。家长要告诉孩子忍受住“黎明之前的黑暗”，要坚信成功就在前面不远处，正所谓“山重水复疑无路，柳暗花明又一村”。经过反复磨练的创新才是最有价值的，也是每一个想学有所成的高中生所必备的素质。

6. 培养孩子孝亲尊师的感恩情怀

孝敬父母是中华民族的优良传统，应该被青少年朋友好好继承并加以发扬。现在不少孩子并不知道父母的工作情况，也不知道父母的钱是怎样得来的，认为父母给自己吃好、穿好、用好是天经地义的事情，这样的孩子怎么会从心底里感激父母呢？为此，家长应当有经常意识地把自己在外工作和收入的情况告诉孩子，说得越具体越好，让孩子明白钱来之不易。

家长还要以身作则，要做孝敬长辈的榜样。孩子对待父母的态度，直接受父母对待长辈态度的影响。现在中年夫妻冷落自己父母的情况还是存在的，这对自己孩子的影响很不好。家长要尽量抽时间带上孩子去看望老人，帮老人做些家务，同老人共聚同乐，尽一份子女应尽的责任和义务。孩子耳濡目染，也会逐步养成尊敬长辈，孝敬父母的好习惯。

尊师也是我国的优良传统，青少年朋友同样应该继承。家长应让孩子知道教师的工作是崇高的，应当受到全社会特别是学生的尊敬和爱戴。家长要教育孩子尊重老师的劳动，认真上好每一堂课，完成老师布置的学习任务。

7. 锻炼孩子的人际交往能力

天时、地利、人和这成功的三要素当中，人和是最重要的。家长要教育孩子懂得经营人际关系，提高人际交往能力。家长首先要培养孩子遵从社交规则，不要一味地按自己的想法做。其次要教孩子具体的社交策略，直来直去往往不能达己所愿，要懂得协商甚至妥协。再次是创设一些具体的活动来锻炼孩子的社交能力。比如，在家中举办 party，邀请同学们参加。家长可以观察孩子与同伴交往的情况，而后有针对性地进行交往能力的培养。最后引导孩子体察他人的情感变化。在同伴交往中，对他人情绪的正确感受和积极反应是交往的基础。家长应教孩子敏感地判别他人的情感变化，学会“察言观色”。

☞ 特别提示【家长要具备的五项素质】

我们认为，只有具备下面五项素质的家长，才能算得上是一个合格的家长，才能做好一个高中生的家长。

1. 懂得理解并尊重孩子。孩子最渴望父母能真正走进自己的内心，了解自己的兴趣爱好，从而理解、支持自己的选择和追求。

2. 能够大度地放下家长的架子，做孩子的知心朋友。

3. 有能力给孩子提供一个和睦的家庭环境。只要夫妻恩爱，遇事能够相互迁就，创造这样的家庭环境并不难。

4. 用全面的眼光去关心孩子。很多父母只关心孩子的学习成绩、身体状况等，而对孩子的心理、思想、个性关心不够。而孩子恰恰需要父母关心的是后者。

5. 对孩子的期望值要合理。很多家长不考虑孩子的实际情况，盲目地给孩子定目标，甚至使"苦肉计"威逼孩子。

第二节 情绪和情感：心理的核心动力

一、孩子的烦恼密如森林

林女士的儿子读高中了，个子长高了，知识增多了，但烦恼也越来越多，情绪更是喜怒无常。平时，她总是看到儿子紧锁眉头，好像总是在发愁。夜里，儿子经常说梦话和做噩梦，有时会大叫着惊醒。他对同龄的表哥表妹们很不友好，特别是听到他们的学习成绩好，或者获了什么奖时，儿子更是不屑一顾，有时跟他们见面时还有敌对情绪。林女士不知道儿子的这种情况是正常还是不正常。

林女士儿子的这种情况是正常的，但是如果对他的这种情绪和情感不加以控制和引导，就有可能使他变成一个偏执、极端的人。

情绪和情感是指人对于客观事物是否符合自己的需要而产生的态度的体验，被人们统称为“感情”。高中生的情绪模式可分为愉快的情绪和不愉快的情绪。不愉快的情绪以焦虑、抑郁、恐惧、嫉妒、敌对等为主；愉快的情绪如高兴、热爱、乐趣、好奇等。正如林女士的儿子，大部分高中生的愉快情绪不如不愉快情绪出现的次数多、强度大。所以，高中生的烦恼密如森林，稍不留神就陷入迷途。

高中生的情绪表现并不都是外露的，而是带有文饰的、内隐的、曲折的性质。他们迫切要求独立，渴望有自己的生活和心理空间而不愿把自己的想法、打算直接袒露，尤其是不愿与父母说。高中生的情绪还表现出两极特征，顺利时得意忘形，受挫时垂头丧气，情绪反应大，很容易走极端。男生倾向于愤怒和冲动，女生倾向于悲哀和惧怕。

二、情绪和情感关乎孩子的身心健康

孩子的脸，六月的天。传统认为，孩子是喜怒无常的，不管他自然就好了。所以，一些家长对孩子的情绪和情感的变化不太看重。其实，这是认识上的误区。

情绪和情感对孩子的身心健康成长有时起着决定性作用。

1. 情绪和情感状况直接影响人的身体健康

不良情绪是健康的大敌，古人说“怒伤肝，喜伤心，思伤脾，恐伤肾”就是这个道理。现代心理学和医学的研究也表明，情绪状况直接影响人的身体健康。临床发现急躁易怒、孤僻爱生闷气的人易患高血压，沉默抑郁、多愁善感的人容易生肺病，悲观、消极、抑郁和长期焦虑过大的人容易得癌症，等等。此外，过分紧张会导致人体免疫力下降，容易受各种病毒的侵害。

而良好、乐观的情绪则是健康的重要一环。俗话说“笑一笑，十年少”，乐观、豁达的人往往是健康长寿的人。

2. 情绪和情感还直接或间接影响人的心理活动

这主要表现在两个方面：首先，情绪能够影响和调节人的认知过程。我们的感知、想象、思维等各种认知过程受到情绪的巨大影响。良好的情绪可以大大提高个体的知觉能力，促使思维更加敏捷，保持良好的记忆力，丰富个体的想象力，正所谓“春风得意马蹄疾，一日看尽长安花”。情绪还能调动人的心理潜能，兴致高的考生往往能够超常发挥。其次，情绪可以协调个体的社会交往和人际交流。因为情绪总是伴随着不同的外部表现，而这些外部表现则是人际交往的通行证和重要工具，在人际交往中起着重要的纽带和桥梁作用。

由于人的生理和心理相互关联，相互影响，因此，对于高中生来说，家长既要关心他们的身体健康成长，更要了解他们的心理发展状况，引导他们的心理向着全面、健康的方向发展。

三、让好情绪伴随孩子的高中生活

英子上了高中后，每天耳朵里听到的都是老师和同学们反复唠叨的考大学、考名牌大学。英子一度被这种氛围影响，每天沉着脸，把学习当成战争，过着“腥风血雨”的生活。

后来，英子的爸爸找英子谈话。爸爸说：“为什么不高兴起来呢？反正每天都在过，开心与不开心都是24个小时，与其愁眉苦脸，不如开怀大笑。”受了爸爸的启发，英子开始改变自己。

相信英子从此之后学习成绩会越来越好，良好的情绪会帮她把一切都处理得近乎完美。

现代心理学家告诉我们，轻松、愉快、乐观的良好情绪，不仅能使人产生超强记忆力，而且能活跃创造性思维，充分发挥心理潜力。大量材料已经表明，中等强度的正情绪最有利于提高人的感知、记忆、思维等具体认知过程的活动能力，有利于综合性智能和创造潜能的发挥，从而表现出情感在促进、优化认知活动中的组织作用；而负情绪，或过强的正情绪，则会抑制、干扰人的认知活动，甚至起到消极瓦解的作用。

好情绪更能帮助孩子充分发挥智能潜力，使孩子不仅能学得主动、积极，而且能学得生动、活泼。孩子会变得思维活跃、思路开阔，有利于智力水平的提升，使孩子聪明才智得到充分施展。

受当今片面追求升学率的影响，高中生负担过重，疲于应付考试，难以体会到学习的乐趣。家长应注重培养和发展学生的动机、兴趣、情感、意志和性格等非智力因素，让孩子能自我发展，具备强烈的责任心和自信心，有坚强的毅力，有幽默感，每天都锻炼身体，对挫折有高度的承受力，热爱并对生活保持积极态度，有宽广的胸怀和包容万物的态度等，使这些良好的情绪因子相互促进，和谐结合，协调发展。

做到了这些，家长就会看到积极向上光的种子在孩子身上扎根，伴随孩子高中生活的展开而渐渐长大，最终长成参天大树为孩子的一生遮风避雨。

四、培养孩子消除不良情绪的能力

思云在调控情绪和情感上是其他同学学习的榜样，她总能把不良的情绪和情感转化成对自己有利的因素。这得益于爸爸教给她的一些指导性的策略。爸爸告诉她，当不良情绪出现时，不能简单地抑制它，否则一有适当的机会，它还是会冒出来。要消除不良情绪，一要认识到不良情绪的存在；二要找出不良情绪的产生原因；三要掌握一些控制、调节和消除不良情绪的方法。至于具体有什么方法，爸爸没有细说，但思云自己总结出了一些适合自己的方法，特别有效。

方法是因人而异的，不可照搬照抄，这可能是思云的爸爸不教给思云具体方法的原因。但有些概念性的方法还是应该提供给孩子的，下面是我们总结的五种方法。

1. 宣泄法

家长要告诉孩子，心里闷得慌时要找人倾诉。即使找不出解决办法，说出来也是一种释放。否则长期强压情绪，可能导致心理疾病。

2. 转移法

家长要告诉孩子，心情不佳、抑郁或生气时，最好去大自然中散步，或是听音乐，或看喜剧电影、幽默漫画，或与人聊天，或参加公益劳动等，均可在一定程度上转移注意力。

3. 升华法

歌德写出《少年维特之烦恼》、罗曼·罗兰写出《约翰·克利斯朵夫》、达·芬奇画出《蒙娜丽莎》都是他们遇到挫折后情感升华的结果。家长应告诉孩子，心情不好时可把精力放在学习、课外活动及体育锻炼上，使自己在这些活动中达到更高的境界。

4. 换位思考法

家长要告诉孩子，当有人触怒你时，你要体谅他人的疾苦和感受他人的心情，多从好处着想。一旦认为事出有因，情有可原，就可以淡化自己的愤怒和不快的情绪。当别人情绪低落时不要讽刺、嘲笑别人，而应该关怀他，并给予力所能及的帮助。

5. 精神胜利法

自我安慰是调控不良情绪和情感的很好的方法，你可以试着发发牢骚，为自己的失误找找客观原因等。当吃不到葡萄时，你可以说葡萄是酸的，不好吃。当不得不吃了酸柠檬后，你也可以告诉自己其实柠檬是甜的。这样对平衡心理，稳定情绪有奇效。

特别提示【五点小计给家长】

中国父母虽注重家庭教育，但对新一代高中生了解不深，总是用老规矩去硬套孩子，结果搞得孩子非常反感，造成很多家庭战争。我们给出以下针对家长的五种方法，帮助家长消除孩子在家里的不良情绪。

1. 给予孩子诚挚的关怀，会让孩子产生“被重视”的感觉。

2. 善于倾听，多听听孩子的心里话，了解孩子需要什么，关心什么，重视什么等。

3. 当孩子犯错误时，应该接纳他，切勿过分责备，以免导致更大的逆反。

4. 当孩子受到委屈时，要给予支持，并引导他说出心中的感觉。

5. 多鼓励孩子，有些表扬甚至可以夸大。

总结说来，做一个合格的家长并不在于多有知识，或是有多高的学历，而主要在于了解孩子、理解孩子，并善于与孩子沟通。

第三节　爱心和责任心：二十一世纪的名片

一、“冷美人”有了热心肠

孟女士的女儿小莲正读高二，以前是学校里出了名的“冷美人”。

孟女士是一家大型公司的副总经理，丈夫是几家大规模民办学校的老板，他们给小莲的成长环境从小就非常优越，小莲的人生字典里根本就没有穷、苦难和同情这类词语。她从来都看不起那些穷同学，对学校组织的一些募捐活动也不屑一顾。老师们表面上不说什么，但背地里都在摇头，断定小莲以后不会有什么出息。孟女士对此也忧心忡忡，她担心以后女儿的这种性格会毁了女儿的幸福。

情况在2008年的“5·12”大地震发生后发生了根本的转变。小莲被电视里悲惨的场面所震撼，她每天看电视时都哭。暑假期间，小莲提出要去震区走一走，孟女士和丈夫同意了，并决定陪女儿去。他们到了灾区后慷慨解囊，小莲更是把从5岁就开始积攒的9万多块钱全部捐了出去。从四川回来后，小莲再也不是那个冷漠的人了，她开始积极参加学校里的活动，对那些贫穷的同学也屡屡出手相助，博得了老师和同学们的好评。

那场大地震把小莲那颗“冰封”的心震醒了，举国甚至全世界的大爱唤回了她的爱心和责任心。

爱心和责任心应该是每一个高中生都要具备的，因为他们很快就要长大成人，成为这个社会的生力军和主力军了。如果他们人人都自私自利，那么我们这个社会就会变成“爱的荒漠”，成了令人憎恶的“人间地狱”。我们期盼更多的高中生投身到爱与责任的海洋中，期盼更多的小莲式的“冷人”热起来。

二、爱与责任是一对要好的姐妹

爱是主动的，责任是被强加的，怎么能放到一起说？即使放到一起，它们也是两个相互独立的概念，像风马牛，老死不相往来！很多家长都持这种观念。然而，真的是这样吗？我们说，这种观念是错误的。

一位护士在非典时期被派到一线当了护工，照料病人的吃喝拉撒和打扫病房的卫生。她除了要承受繁忙劳累辛苦和危险外，还要做一项恶心的工作：把消毒液和病人的排泄物均匀地混合在一起搅拌。她每天把大约100名非典病人的大小便和呕吐物，从病房逐一收拾出来，然后把100个黑色塑料袋子一一打开，把配好的消毒液倒进袋子里，接着在大塑料桶里均匀搅拌，直到排泄物和消毒液均匀地融合在一起。

事后，记者问那位护士："有人检查你的工作吗？比如：搅拌是否到位？颗粒是否大小一致？有人会把混合均匀的粪便拿去检查，看看有没有活的非典病毒吗？"她说："从没有人检查。"记者说："其实你可以把它们胡乱混合在一起，不必管匀不匀的事，谁也不会知道。"她说："可是我从来就没有想过这是可以敷衍和偷奸耍滑的事啊！"

这位记者就是著名作家毕淑敏。毕淑敏在文章中说："不必再述，爱与责任已经深入骨髓：这就是责任——她作为护工的工作责任；她作为护士，保护生命健康的责任。这就是爱——她作为护工，对病人的爱；她作为护士，对工作的爱。"

爱与责任是一对不可分离的好姐妹。没有责任的爱，是一种纵容；爱因有责任而真诚而永恒而有意义。没有爱的责任，是一种负担；责任因有爱而有趣而轻松而快乐。

三、家长应让孩子学会爱

璐璐是个好孩子，她平时的一言一行都传达着她的爱心，这一言一行里也都有爸爸妈妈的影子。

在家里，只要爷爷的指甲长了，不管是手还是脚，璐璐都抢着给爷爷剪。其实，在璐璐小的时候，她经常看到妈妈帮外公剪指甲。如今，璐璐大了，自然也就继承了妈妈的爱心。她还把这种爱心扩展到爸爸妈妈和叔叔婶婶等其他家庭成员身上，她甚至还帮醉酒后的叔叔打扫过呕吐物。

在学校里，璐璐不仅乐于帮助那些学习后进的同学，还把自己的零花钱省下来给那些家庭困难的同学用。学校里一个男孩得了白血病，璐璐虽然不认识他，但也忧心如焚。她不仅捐空了自己的"小金库"，还组织了一些同学端着募捐箱走上街头募捐，她还发动全班同学去街头捡易拉罐、塑料瓶卖钱帮同学治病。而这，爸妈以前也是做过榜样的。他们家所在的小区一个邻居遭遇了车祸，爸爸就是这样做的。

我们相信，当璐璐踏上社会后，也一定会是一个富有爱心的人。感谢她背后的父母！当然，好人有好报，父母也一定会因为女儿的爱心而开心的，事业和家庭自然也就会顺利而幸福。

如何教育孩子拥有爱心呢？应从教育孩子爱父母开始。当然，父母得先付出爱，要像璐璐的父母一样做出榜样。

在一次“中学生最崇拜的十人”调查中显示，日美高中生都把父母摆在第一位，唯独中国的学生所崇拜的名单中，父母榜上无名。这是中国式爱心教育的失败，但愿这一调查不具有普遍性。但是，很多例子又让我们不得不认同这一调查，而且把这种失败归咎于家长。一位母亲在博客里写道：家长们总是以孩子为中心，围着孩子转，而当孩子不知道爱别人，只想到自己的时候，悲剧是早晚的事。要追究责任，根源还在家长，因为家长没有教会他们。这位母亲于是规定每年 3 月为“爱父母月”。在这一个月里，孩子不得与父母发生争吵，不得顶撞父母。她还提示：对于叛逆期的高中生而言，说教 100 遍，不如让他看一次孩子诞生的短片。很多调皮的孩子看完自己诞生的过程后大哭，再也不和妈妈吵架了。

爱是可以迁移扩大的，孩子的爱首先存在于和父母接触的具体活动之中。孩子只有体验到了人间的温暖亲情后，才会逐渐扩散到关心周围人，进而关心他人，热爱学校、社会和国家。一个对周围和社会充满爱的人，对自己的父母更会付出爱。回过头来，受惠最大、感受最深的仍然是父母，这是一个良性循环。一个人能否获得成功，智商只占 25％，情商则高达 75％。有了爱做基础，孩子会体验人与人之间的温暖和友好，始终保持健康的心态，养成良好的行为习惯，幸福的一生也就水到渠成了。

四、让孩子撑起责任的蓝天

一天，读高一的女儿晓晴回到家，拿着一条名言问妈妈，她说："社会学家戴维斯说：'放弃了自己对社会的责任，就意味着放弃了自身在这个社会中更好的生存机会。'这句话怎么理解？"妈妈一时不知道该怎么回答，就把这个问题抛给了爸爸。爸爸虽然懂是什么意思，但想要解释清楚还真不是件容易的事。他让女儿容他想一想。

第二天，他就给女儿读了一篇《是谁把他引向不归路》的报道，讲的是吉林省白山市少年金海，因为看黄色录像，经常打架闹事，强奸了20多个少女。其母不但不制止，反而夸儿子有出息。虽然多次被抓，但因年龄不够，都被释放，直至所犯罪恶越来越大，被判死刑。临刑前，母亲抱着他痛哭流涕，没想到他竟张口把母亲的一只耳朵咬了下来，并大喊："我恨你！"

究竟是谁把他引向了不归路？是他的母亲，是母亲从小对他的娇纵让他产生了无须对自己的行为负责的想法，结果最终断送了性命。这不但印证了戴维斯的说法，还给家长们提了个醒：孩子有无责任心，父母是关键。

家庭是人生的第一所学校，孩子的责任心是父母责任心的折射。

那么，应该如何培养孩子的责任心呢？

1. 家长要孩子为自己的事负责

有些孩子做事缺乏责任心，做完作业，学习用品乱摆；起床后被子不叠；经常乱扔书包等。父母必须要求孩子对自己做的事负责，要告诉孩子做好功课后要有整理好学习用品的责任；起床后要有整理床上用品的责任；以及经常收拾自己房间的责任等。

2. 家长还要孩子为身边的事负责

家长要告诉孩子："家里很乱也是你的耻辱，因为你是家庭中的一员。同样，如果班里的卫生成绩很差，你也应该感到脸红，因为你是班里的一员。"随着孩子年龄的增长与同社会接触面的扩大，这种责任心的内容会增长、扩大，对社会、对人类的责任感与使命感也会由此产生。

3. 家长还要孩子把责任感落实到实际行动中去

在家里，家长应要求孩子做家务活，参与家庭里的重要决策的讨论。家长还应要求孩子把责任心落实到学校里的每一项活动中去，比如积极参加一些公益活动，多为班主任老师分忧等等。父母还要及时对孩子的表现给予表扬，鼓励他们继续做下去。

教育孩子拥有一颗责任心的方法当然还有很多。但方法也只是方法而已，关键是看父母有没有那份心。为人父母者，要教育孩子对自己的行为负责，只有对自己的行为负责，才能让孩子达到对自己负责、对家庭负责、对社会负责。

特别提示【关于爱心的三本书】

《爱心树》：作者是美国作家谢尔·希尔弗斯坦，写的是一个由一棵有求必应的苹果树和一个贪求不厌的孩子共同组成的温馨又略带哀伤的寓言故事。

《爱的教育》：作者是意大利作家亚米契斯，是一本日记体儿童小说，讲述了一个四年级男孩恩利科在校内外的所见、所闻和所感，其间还包括父母为他写的许多劝诫性的文章，以及老师在课堂上宣读的一个个感人肺腑的每月故事。

《冰心散文选》：冰心用尽一生的时间向世间撒播爱。她的"爱的哲学"，将母爱、童心、自然美这三大主题，化作了清丽典雅的文字，呈献给了世人。

第四节　自信或自卑：成功的发动机或绊脚石

一、小男生的伟岸之路

张亮不太受同学们欢迎，他认为主要是因为自己个子很矮，并由此认为，个子低人一等，其他方面也低人一等。他平时走路都不抬头，在班里总是默默无闻，成绩也不见长进。一次，他听到他心仪的那个女生跟同伴说："男生不到一米七就是二等残废。"张亮的心一下子慌了，原来她一直把我当成个残废啊！从此，张亮更加自卑了。

是妈妈的及时干预才拯救了张亮。她告诉张亮，每个人都有自己的局限，不要拿自己的短处去比别人的长处。就说个子吧，很多伟大的人物是矮个子，比如拿破仑、鲁迅、邓小平都是一米五几的个子，但他们都很自信。拿破仑甚至站在阿尔卑斯山上向世界宣布："我比阿尔卑斯山高！"一个人伟岸与否不在于他的身高，而在于他的内涵，在于他有没有做出令人仰望的事情来。妈妈还告诉张亮，他在数学上从小就有天赋，不妨发挥这一特长。张亮听了妈妈的话，开始努力学习。他的数学每次都考全班第一，更是在各种比赛中频频获奖。他心仪的女生也经常来找他请教数学问题，每次都佩服得五体投地。

张亮发挥了自己的特长，找回了自信，取得了成功。假设他的妈妈没有开导他，他很可能会越来越自卑，后果不堪设想。

自卑是一种消极的自我评价或自我意识，表现为害羞、不安、内疚、忧伤、失望等情绪。自卑的人处处感到自己不如别人，甚至对那些稍加努力就可以完成的事也不敢尝试，由此丧失了许多机会。可以说，自卑是成功的绊脚石。

对于自卑的孩子，家长应鼓励他勇敢面对现实，正视自己的缺点，发掘自己的优点，在点滴进步中逐步提高。家长还要经常让他们体验到成功的喜悦，让他们在成功中找回自信。自信是成功的发动机，它可以使人创造奇迹。

二、自卑不可怕，自信要警惕

自卑的学生遇事缩手缩脚，上课不敢积极发言，遇到难题不敢请教老师，不敢参加一些竞争性的活动。他们为了避免失败，宁可失去成功的机会。严重的自卑感会危害人的心理健康，导致心理障碍，乃至心理疾病，如神经衰弱、强迫症、焦虑症、抑郁症等，极端的还会危及社会。

所以，自卑是成功的绊脚石，是要不得的。但是，如果家长认为自卑的孩子是“朽木”，不可救药，那就错了。我们更应该看到自卑的正效应。自卑能让人清醒地意识到自己的不足，看到自己努力的方向，可以变成激励人前进的原动力。因自卑而自强者有很多，比如著名导演冯小刚从小与母亲相依为命，穷得连辆自行车都买不起。他很自卑，但他一直很努力，通过自学，他从一名美工成为了一名大导演，取得了令人羡慕的成功。他说：“自卑给了我战胜自卑的力量，我必须拼命摆脱自卑。”其实，假如你留意一下身边的同学，特别是那些家境贫困的同学，就会发现由自卑而加倍努力从而取得重大进步的大有人在。

自信是成功的发动机，但是过于自信，容易造成头脑不够清醒，对别人的优点视而不见，对自己的实力估计过高，结果往往夜郎自大，最终导致失败。

所以，家长在指导孩子时，要懂得自卑与自信对人的影响是微妙复杂的，不能绝对说“好极了”，也不能一口咬定说“糟透了”。当发现孩子自卑时，要及时地把这种自卑转变成向上的力量，所谓“哀兵必胜”；当发现孩子过于自信时，要适时地泼泼冷水，让他知道天有多高，地有多厚。

三、挖掘孩子自信的源泉

自从进入高中以后，小芸的英语就一直不好。几次考试下来，她的分数越考越低。小芸觉得自己无论怎么努力也不可能把英语学好了，她断定自己不是学英语的那块料。小芸妈看在眼里，急在心里。她知道小芸爸是个开导人的高手，所以，她让他好好找女儿谈谈。

一个周末的下午，小芸爸找女儿谈心。他先说了自己的故事，说自己上高中时数学很差，很多时候考试不及格。后来，他静下心来找原因，发现自己学不好数学不是因为自己笨，而是因为总是想做难题而忽略了基础知识的学习。从那以后，他开始努力地打基础，成绩也就渐渐跟上来了。所以，学习不好肯定有原因，把原因找出来就行了。小芸得到了启示，她发现自己英语学不好是因为总是执著于背单词和语法，而忽略了语感。于是，她天天早上起来读英语，大胆地跟同学说英语。渐渐地，她找到了学英语的自信心，成绩从此突飞猛进。

小芸爸帮女儿找自信用的是榜样法和归因法，其他家长不妨一试。我们还有一些其他的方法推荐给大家。

1. 成功教育法

家长可以根据孩子的兴趣、爱好、能力组织开展各种活动，设法让孩子在活动中展示才能，获得成功体验，从而提高他们的自信心，促使其在学习上有所进步。

2. 正负激励法

父母要对孩子表现出的优点和进步给予适当的言语激励，特别是对那些自信心水平低的孩子，可以给予相对偏高的表扬，以增强其自信心。但是对孩子的不足也要给予一定的批评，指出症结所在。症结明确了，解决的方法也就浮出了水面，孩子的自信心也就因此建立起来了。

3. 培养自主意识

对于依赖性较强的孩子，家长可以让他们自己做一件事，以培养他们独立地分析问题、解决问题的能力，从而肯定其自身的力量，增强其自信心。当然，让孩子做的事情一定不要太难，而且家长必要时要在暗中协助孩子完成。

相信家长们在以上方法的启发下，会想出更多的方法来帮助孩子。

自信的孩子能根据实际情况对自己的能力作出客观、公正的评价，既不自命不凡，也不自我贬低；他们在正确自我评价的基础上，对外界的评价结果全部接纳，无论评价的结果是积极的还是消极的，是成功的还是失败的，是有价值的还是无价值的；他们既不回避自己的缺点，也不夸大自己的优点，能理智地、辩证地对待自己；他们还能积极地参加各种活动，能与周围的人融洽相处；即使进入一个陌生的环境，他们也会有较强的安全感，能通过自我调整，很快适应周围的环境。

四、帮孩子化自卑为动力

小荷从小很胖，被同学们叫作“胖妞”。以前年龄小，她不太在意。但是，上了高中后，她开始爱美了，也就特别厌恶自己的那身肥肉。一些漂亮的女孩子被男生追求，很风光。可小荷呢？很多男生见了她就躲，更不用说对她有爱慕之心了。小荷非常自卑，想尽方法减肥。小荷爸发现了女儿的心事，他跟女儿说：“胖怎么了？只要你学习好，素质高，性格开朗，一样有魅力！韩红胖不胖？但韩红并没有自卑，拼命地练唱功，结果成了实力派唱将，成了女歌星圈里当之无愧的‘大姐大’。你应该向韩红学习！”小荷觉得爸爸的话很有道理，于是放弃了减肥计划，一心扑在学习和班级活动上。读高二的时候，小荷已经是班长了，而且学习也在班上名列前茅，赢得了同学们的尊重和羡慕。

小荷的成功源自父亲的一番话，可见家长对孩子的影响有多大，特别是那些陷入自卑的泥潭里痛苦挣扎的孩子，更需要家长的引导。下面，我们讲三种帮助孩子化自卑为动力的方法。

1. 优势补偿法

家长要告诉孩子，不仅要如实地看到自己的短处，还应恰如其分地看到自己的长处，切不可因自己的某些不如人之处而看不到自己的如人之处和过人之处。家长还应教育学生正确地取长补短，知道自己的不足，不要消极回避，而要以最大的决心和最顽强的毅力去克服这些不足及缺陷。人的缺陷并不是不能改变的，关键是下定决心改变，且讲究方法。

2. 类比带动法

家长要注意挖掘孩子身上的闪光点，并创造机会让其充分发光。比如，有个孩子的语文成绩很差，他自己也很悲观。一次，他爸爸发现他喜欢相声，就找到班主任创造机会让儿子演出。这孩子在班上和校里的演出均获得了成功，这让他信心大增。这时，他爸爸又让他写相声，还鼓励他写小品。这么一来，他的语文也自然而然地提高了。有些孩子英语不行，但生物行，于是家长创造机会让他在生物上取得成功，得到同学和老师的赞扬，然后告诉他英语也会不在话下，孩子对英语学习就有了信心。这就叫带动法，很多人用此法获得了成功。

3. 自我促进法

对于因学习不好而自卑的孩子，家长一方面要告诉孩子

"人外有人，天外有天""人比人气死人"，以减轻他们的心理压力；另一方面要让孩子学会自我对比，只要进步了，即使跟其他人比还是不理想也要表扬自己。这就使得他们看到了自己的进步，并在不断超越自我的过程中不断感受到自我提高。这种自我提高又促进了孩子更有效地学习，从而形成良性循环。

第五节 善恶与荣辱：立身之本是道德

一、"天才"儿子走上不归路

庆华从小就在学习上表现出极高的天赋。上小学时，每年区竞赛他都拿第一。初中时，他英语演讲获得过全市第一名。高二的时候，他参加全国奥林匹克数学竞赛获奖，被保送至北京大学。

从小到大，庆华什么都好，就是有小偷小摸的毛病。父母其实早就知道他这一毛病了，但他们觉得这是小毛病，只要学习好就行。所以，每次庆华被老师抓住，父母都会去把大事化小，小事化了。这样一来，庆华自己也觉得偷窃没什么大不了的，从不脸红。上了大学以后，他开学后的第二周就偷东西，被学校警告处分。但他不引以为戒，继续偷。第二次被抓到后，他被学校开除了。

正如陶行知所说，"人"同"才"没有必然联系。因为有的人是"人"又有"才"，才叫人才。有的人是"人"没有"才"，不能叫人才。有的人有"才"不是"人"，更不能算人才。庆华就是这种人，而我们宁可他是"人"没有才。因为越是有才而不是"人"的人，危险越大。

庆华的悲剧告诉所有父母，要注意对孩子进行善恶和荣辱教育。在联合国召开的世界教育会议上，与会者一致认为全世界面临第一位的挑战，不是新技术革命，而是道德滑坡问题！道德教育已经成为一个世界性的大趋势。

二、没有文化就教育不了孩子吗

我们经常听到一些家长说："现在的孩子懂得越来越多了，你有道理他比你还有道理，你说一句他有三句等着你。你说怎么教育？再说，我们这些没有文化的人能教育个什么？"这话有一定的道理，孩子掌握的知识确实已经很多了，特别是高中生。但这并不是说家长就教育不了孩子了，家长必须谨防陷入这个误区。

中国青少年研究中心曾对 148 名杰出青年的教育成长进行了专题研究。他们当中有：十大杰出青年、中国青年科学家、全国青年科技标兵、全国青年岗位能手、全国十佳少先队辅导员等。调查表明，这些杰出人物的父母大多文化程度一般或稍低，他们苦于无法对子女的学业进行直接的辅导，因而不遗余力地对孩子进行品德教育，他们教孩子要诚实、勤奋、善良、自信、艰苦、奉献，培养孩子积极向上、刻苦学习、和善待人、知荣辱廉耻的好品德。而这些，比直接辅导孩子的功课还重要，比培养孩子的智力还有效。

相反，有些高级知识分子却教育不好自己的孩子。《法律与生活》杂志曾刊登过一起惨案，在北京海淀区有一个近乎完美的知识型家庭，父亲是高级工程师，母亲是大学副教授，姐姐在美读博士，罪犯李兵本人也已通过了托福考试，即将赴美留学。但他在某一天的上午却残忍地杀死了父亲，下午又勒死了母亲。

所以，对孩子进行道德教育是任何一个家长都能够做的，而且是必须要做的。家长千万不要以为自己没有读过多少书就在孩子面前抬不起头来，更不能放弃对孩子的教育。文化程度低的家长反而更能够教育好孩子，因为他们自身就是一本绝佳的教材，他们的勤劳、朴实、善良、知耻等优良品格正是很多人所缺乏的。

三、道德是行为的准绳

金帆在对儿子进行道德教育上有自己的一套，他主要围绕三点进行。

一是他要儿子做个文明的人。要遵守公共秩序，要讲社会公德，要懂礼貌知礼节等。二是他要儿子做一个现代的人。要有民主观念、法制观念和集体主义观念，不要被江湖义气、哥们儿约定所迷惑。三是他要儿子时刻记住自己是个中国人。要有民族大义，要讲国家尊严，要保护国家形象，维护国家利益。即使有一天改变了国籍，血统也是中华民族的。

这三点金帆一有时间就给儿子讲，每次都用不同的案例去阐述，每次都能让儿子有所感悟，得到新的启发。

金帆的这三招虽然看上去有些教条，但由于他采用的方法是灵活的，所以能起到很好的教育作用。

现代社会，有些人认为遵纪守法就够了，道德无须顾忌，也不需要去倡导。这种观念是机械的西方法律观，他们认为法律可以约束一切。殊不知，法律是有漏洞的，而且法律是事后追惩，悲剧已经酿成。相反，道德约束虽然宽泛，却疏而不漏，是经过数千年检验的公共准则，以预防为主，因此更人性，更平和。

长久以来，我们的祖先给我

们留下了很多道德规范，我们总结一些供家长参考。

1. **明智**

家长应教育孩子做有智慧之人，能明辨是非，择善而行。

2. **知耻**

家长应帮助孩子在内心里建立善恶、荣辱的标准，要有羞耻心，要有所敬畏。

3. **节持**

家长要教育孩子讲操守，重气节，增强自我控制力，遵从礼仪，行为有度。

4. **自强**

天行健，君子以自强不息。自强是人的发展之本，只有自强，才有尊严，才会不被欺，不受辱。

5. **勇敢**

家长要教育孩子遇事要勇敢刚强，临危不惧。

6. **廉洁**

家长应教育孩子从小养成淡泊名利，廉洁奉公的人生态度。

7. **勤俭**

勤俭节约是中华民族的优良传统，无论贫富，家长都应该教育孩子继承它。

四、教孩子辨善恶、知荣辱

志刚在初中的时候是走读的，爸妈对他的教育抓得也严，个人品德上没什么问题。上了高中后，他住校了。一个月后志刚回家，爸爸就发现他染上了一些坏毛病，比如做事开始拖拖拉拉，还拿同学的作业抄，让他做点家务他还变着法子逃避。志刚的班主任还打过电话给志刚的爸爸，说志刚在学校里表现并不好，批评他好像也不管用。志刚的爸爸感到这样下去，志刚有可能会一路“堕落”下去。为了纠正孩子的这些坏毛病，志刚的爸爸决定跟志刚好好谈谈。谈什么呢？想来想去，志刚的爸爸还是觉得谈谈“八荣八耻”吧。平时连他自己对“八荣八耻”也只停留在表面的理解上，现在不如跟儿子谈谈如何将“八荣八耻”运用到生活和学习中去吧。

这个方法就很值得家长们学习了。我们都在说“八荣八耻”，但是真正把这套理论用到自己的生活中的恐怕不多，甚至能够把它完整地背下来的人也不多。

“荣”指光荣或荣誉，“耻”指耻辱。这“八荣八耻”分清了什么是善恶美丑，旗帜鲜明地告诉我们要坚持什么，反对什么，倡导什么，抵制什么，是家长对孩子进行善恶教育和荣辱教育的最好教材，就看你怎么去用。

除了像志刚爸爸那样把理论具体到实践中，家长们还可以带领孩子去历史里找论据和例子。比如精忠报国的岳飞，气节高尚的文天祥，忧国忧民的范仲淹等历史人物的故事，家长可以教孩子看看他们是如何辨善恶，知荣辱的。再如带领孩子看看雷峰、焦裕禄、孔繁森、张海迪、洪占辉等新中国成立之后的优秀人物是如何高举着道德的大旗，耸立着一座座人格的丰碑的。这些带有故事性的教育，对孩子来说更易于接受。

特别提示【高中生道德失范五宗错】

1. 自私自利。在物欲化的今天，高中生的交友越来越功利，出现了等价交换、只求回报的特点，如果没有利用价值，友谊就如昙花一现，很难持久。

2. 弄虚作假。今天的高中生，为了实现自己的目标，有时会采用弄虚作假的方式。例如，很多人认为考试作弊是很正常的，不作弊倒有点儿傻。

3. 好逸恶劳。受一些不良社会风气的影响，有些高中生学习上吃不得苦，总想投机取巧；生活上奢侈浪费，厌恶劳动等。

4. 纪律涣散。有的高中生纪律观念淡薄，上课东张西望，作业虎头蛇尾，考试交头接耳，甚至有的高中生打骂老师，离家出走等。

5. 不懂礼貌。很多高中生不尊重师长、乱扔果皮纸屑、满口脏话。他们不以为耻，反认为这是个性。

【作业题】

1. 现代高中生应具备的七大基本素质是什么?
2. 作为家长，您应该从哪几方面来培养高中生的情商?
3. 联系我们的生活实际，家长朋友应如何培养高中生的爱心和责任?

第五章　跨越“代沟”有方法

成功的父母，首先是成功的倾听者。家长耐心的倾听，是对孩子的宽容和信任，也会换来孩子的信赖和尊重。

了解孩子的业余生活是增进亲子双方感情的重要途径，比如网络、火星语、偶像，等等，别做孩子眼中的“老古董”。这就要求家长朋友首先在观念上跟上时代、跟上孩子的步伐，然后在行动上去证明。

第一节　家长要做一个耐心的倾听者

一、儿子成了“唠叨婆”

儿子自从升入了住宿制高中以后，每次周末回家，就拉着爸爸或者妈妈说个不停。

儿子的话不仅说不完，还很烦，不是哪个老师爱穿什么衣服，就是哪个同学脸上长了痘痘，没有一件是爸妈觉得可以认真听一听的，爸爸觉得烦，听到儿子说话就躲到书房里看书去。妈妈则有一句没一句地边听儿子唠叨，边看电视剧。有时，儿子刚说了几句话甚至才开口说了半句话，妈妈就觉得已经知道他后面要说的所有的话了，马上抢过话茬，给予否定。这方法很有效，渐渐地儿子的唠叨少了。但从此，儿子的喜怒哀乐爸爸妈妈也几乎全然不知了。

很可惜，本来父母是可以跟儿子交个好朋友的，但现在看来，是不可能了。这样的家长是不称职的，他们自私地拒绝了当儿子的倾听者。儿子自然也不会把自己的心事告诉他们了，久而久之，两代之间的“鸿沟”就不可避免地产生了。

成功的父母，首先是成功的倾听者。孩子胜利时愿意同父母分享，失败时想找爸妈给点安慰，苦恼时想找父母倾诉，有问题时想找父母讨论，前提是父母要做孩子的倾听者。家长耐心的倾听，是对孩子的宽容和信任，也会换来孩子的信赖和尊重。孩子的倾诉即便是像每天的日出日落一样平淡无奇，父母也要耐心倾听，用心去体会孩子的心情，捕捉孩子成长的世界里的每一次细微的感动，从而在很多关键的时候与孩子产生“共鸣”，两代之间固若金汤的友谊自然而然就筑成了。

二、倾听不只是听

我们要家长做孩子的倾听者，当然主要是让家长耐心、用心地去听孩子说些什么，但并不是意味着只是听，或者只是顺着孩子的意愿去附和。

相当一部分家长陷入了“只是听”的误区。孩子回家后，面对家长，有时会牢骚满腹，好像在学校里受了莫大的委屈，看什么都不顺眼。这样发牢骚对孩子的成长可是不利的，如果不及时纠正，可能会酿成祸患。

倾听的目的是为了给孩子减压，适时了解孩子的内心世界。减压并不等于娇惯孩子，更不是纵容。如果孩子在倾诉时表现出很负面的情绪，家长要及时给予纠正，当然纠正是要讲方法的，不要把孩子倾诉的路子给堵住了。通过听孩子说话，家长会了解到孩子心里想些什么，有些是需要家长肯定并鼓励的，有些则是需要家长给予否定并纠正的，家长应根据实际情况作出判断，并设计一些恰当的方法尽快实施。这样便能够形成良性地循环，孩子的毛病会越来越少，优点会越来越多。到了这种程度才是有意义的，才是真正实现了倾听的价值。这样的父母才会越当越轻松，不需要挖空心思地去“刺探”孩子的问题，因为孩子会主动说出来，而且解决起问题来也毫不费力，因为自始至终都是跟孩子商量着来的。

三、遇事先做倾听者

一天，儿子气冲冲地从外面回来，说自己被同学欺负，一定要报仇。父亲是搞体育的，要是放到从前年轻的时候，一旦发现儿子受了欺负，他会立即带儿子去讨个公道。但是，每次他都发现弄到最后事情的真相往往是儿子有错在先。他也不听儿子解释，总是劈头盖脸地骂孩子一顿。这些年，儿子大了，父亲也老成了。这天他看到儿子要拉他去“报仇”，并没有像以前那样冲动，而是让儿子坐下来，先说说到底是怎么回事。儿子从头开始说起，说着说着自己的气也没了，因为他发现自己也有错。父亲也没有像以前那样骂儿子，而是帮着儿子找找自己犯错的原因。父子聊天开心极了，儿子也忘了“报仇”的事。

很多家长老是以为自己吃的盐比孩子吃的饭还多，自己过的桥比孩子走的路还多，孩子会懂得什么呢？所以老是板着面孔，或者火冒三丈地听了孩子的“谗言”，或者居高临下地教训孩子的不是。结果不仅不能成为孩子的知心朋友，也不能解决任何问题。长期下去，孩子倾诉的愿望得不到满足，只会越来越对家长感到失望，感到自己是不被尊重的，逐渐失去与家长谈话的兴趣，甚至产生逆反心理。父母要多从自己身上找原因，才能有效解决矛盾。

四、把孩子唠叨当享受

张先生说他喜欢听女儿唠叨学校里的事儿。虽然女儿上高中了，但张先生还是尽量每天都开车去学校接女儿。每天在回家的路上，女儿总是叽叽喳喳地说个没完，讲的都是学校里的事情。上了哪些课，中午吃的什么菜，老师批评了谁，自己和哪位同学产生了争吵等，都是她的话题。这时候，张先生总是耐心地倾听，偶尔还会插一两句，发表一下自己的看法。从学校到家的这段路程，张先生故意把车开得很慢，有时遇到一些严重点的问题，他还干脆把车停到路边，耐心听女儿怎么说。通过这样的倾听，他对女儿一天在学校的情况有了大概的了解。因为他愿意听，女儿也愿意讲。现在每天的这个时候，已经是他们父女交流的最佳时间。

有个张先生这样的老爸是他女儿的福分。现在，很少有家长能像张先生这样跟女儿如此聊得来。

现在很多家长总抱怨孩子不愿意和自己交流，其实责任不在孩子，而在家长自己。有些家长很少去听孩子说话，总以“我正忙呢，别烦我”“一点小破事就说个没完”“你怎么还像个小孩一样说这些弱智的话”之类的话去拦截孩子说话的欲望，有时即使听恐怕也是心不在焉，入耳不入心。孩子是最敏感的，时间一长，他们就再也不愿意和父母交流了。

所以，要想孩子主动和你交流，父母首先要学会倾听。其实，倾听有诸多益处：一是可以了解孩子每天的学习和生活情况，走进孩子的内心世界，品尝他们遭遇到的酸甜苦辣。二是可以根据孩子的特点有针对性地教育孩子，做孩子成长路上的领路人。孩子年龄小，阅历浅，对很多事情缺乏正确的判断，评论一件事情或某个人物难免会走极端。家长在倾听的过程中，可以根据一些蛛丝马迹，及时给予指导，达到未雨绸缪或者亡羊补牢的效果。三是可以激发孩子说话的欲望，培养他们把一件事完整明白地表达出来的能力。四是可以增进父母和孩子间的感情，拉近两代人之间的距离。

五、用倾听给孩子减压

卢女士的儿子读高三了。从高三开学那天起，儿子就自己给自己设置了很多压力，再加上一场接着一场的测验，压得儿子喘不过气来。每次考试之前，儿子都失眠。第二天无精打采的，考试成绩也受到了影响。

又是考试前夜，晚上 10 点儿子就睡下了，但午夜过后还没睡着。卢女士来到儿子的房间，跟儿子说：“如果睡不着，就跟妈妈聊会儿天吧。”儿子看到妈妈过来了，就像看到了救星一样。他把自己的担心和焦虑一股脑儿说给妈妈听，妈妈耐心地听着，不时还会提出一些问题来跟儿子讨论。儿子从 12 点说到凌晨 4 点才罢休，中间卢女士几次困得顶不住了，但还是坚持听儿子说，直到儿子自己困了，安静地睡着了，她才离开。那天虽然儿子才睡了四个小时的觉，但精神却出奇得好，考试发挥得很好。

倾听的确是减压的好途径。孩子的担心、焦虑在很大程度上是父母造成的，他们怕考不好挨父母骂，或者让父母伤心。如果父母告诉他们，考得好不好没关系，他们肯定会宽心不少。如果父母还能够听他们把一肚子的担心都说出来，并给予理解，那他们的压力就会所剩无几了。

减压不是对考试导致的情绪问题避而不谈，也不是过分关注孩子的焦急。

孩子在经历高强度压力时是很希望父母能给予理解的。当孩子出现性格改变、烦躁、发脾气时，家长不要刻意回避或对孩子指责攻击，也不要马上要求孩子讲明缘由，最好的方式是安静地陪伴孩子，待其情绪得到宣泄后再尝试去了解其心结所在。不论孩子的情绪是否稳定，家长应试着做一个倾听者，相信孩子把心里的郁结都说出来后就会平静的。

避而不谈是我们不主张的，过分关注也是我们反对的。焦虑和压力是每个考生必须面对的问题，家长不要因孩子出现焦虑便认为是不正常，从而过分担心。事实上，适度的焦虑有助于注意力集中和能力的发挥。父母过分关注孩子的焦虑情绪反而会把问题放大，所要做的是帮助孩子把焦虑程度恢复到正常水平。也就是说，不能把气球里的气放光了，瘪了就弹不起来。

特别提示【测试你的倾听力】

很多家长不知道自己是否是个爱倾听的人，下面我们做个小游戏来检测一下你。当然，这其中的科学性有待商榷，所以我们只当游戏，仅供参考。先看一个问题。

这是高原上的一栋度假山庄，你单独在里面，窗边突然出现一对正在游戏的动物，但是只能看见它的耳朵，你认为这是什么动物？

本题代表倾听度测验，这个只看见耳朵的动物象征和周围的人对话。有四个选项：

A. 狐狸　　B. 狸　　C. 小熊　　D. 野猫

如果你选择了A，那么你是最优秀的倾听者。不但能读出谈话者的心声，也能适时对应、附和，更能装出若无其事的样子高明地诱导倾诉者说出真正的心事，而且能和任何人愉快地谈心。

如果你选择了B，那么你最得意的莫过于能在对方的话里加上笑话并将话题扩大，因此，你是一个能倾听快乐谈话的人，但是，对于严肃的话题就不太行了。

如果你选择了C，那么你遇到和自己有关的话题则能侃侃而谈，但是对于倾听别人的谈话则十分缺乏耐性。

如果你选择了D，那么你是一个最不会聊天的人，任何人和你说话，你都是心不在焉，而且常常把对方的心情弄得更糟。

第二节　了解并指导孩子的业余生活

一、见识孩子的另一面

一直以来，曹校长以为自己是最了解女儿的人。女儿小时候就不用说了，从上学那天开始她就在曹校长管理的学校里读书，可以说每天都在曹校长的眼皮子底下生活和学习。曹校长认为，女儿是个文静、内秀的女孩子，学习成绩非常好，钢琴也弹得非常棒。然而，女儿在一次夏令营里的表现，却让曹校长对女儿有了新的认识。

女儿参加了中日学生夏令营，去的是蒙古大草原。曹校长没有跟着去，但他每天看夏令营组委会传来的视频。从视频里他看到了一个他以前从没有见过的女儿。由不得曹校长不惊讶，夏令营里的女儿不仅开朗活泼，还发挥了领导才能。她带领一群中国孩子跟日本孩子进行了全方位的PK，除了体能方面略逊人家一筹，其他方面都跟他们不相上下，在精神风貌上女儿带领的那群中国孩子占尽了优势。在暴雨中的那次演讲，女儿斗志昂扬，像个真正的战士，也让坐在电脑前的曹校长震惊了！他指着屏幕里的女儿对老婆说："那是我们的女儿吗？那的确是我们的女儿啊！"

父母总以为自己是最了解孩子的，其实，恰恰相反，很多父母除了了解孩子的学习之外，对孩子的业余生活根本就不了解。曹校长就是一个典型的例子。如果女儿不参加那次夏令营，他还看不到女儿的另一面，也就无法对女儿进行针对性的教育，甚至会耽误了女儿的全面发展。

了解孩子的业余生活也是制定教育对策的重要参考依据。如果不知道孩子平时玩些什么，你就无法全面地了解他们的内心世界，也就找不到教育他们的最恰当的方法。要了解孩子的业余生活，最好的方法就是跟孩子交朋友，推心置腹地聊天，甚至参加他们的活动，跟他们一起策划、组织他们的业余生活。

二、业余生活更需要家长指导

孩子的学习是主要的，但并不意味着业余生活不重要。一些家长认为，管好孩子的学习就行了，至于业余生活，其实就是玩嘛，孩子怎么放松怎么来吧，不用太在意。

这显然是不正确的。

业余生活是孩子日常生活的重要组成部分，并不是无关紧要的。而且，孩子的业余生活相对于学习来说，更加需要家长的指导。老师比家长更了解孩子的学习情况，所以在学习指导上，老师比家长更专业，指导起来也更有针对性。而在生活中，家长跟孩子相处的时间是最长的，也最有条件去充分了解孩子学习以外都做些什么。所以，家长指导孩子的业余生活更便利，也更有说服力。而且，在很多情况下，老师的教育只是规劝性的，而家长有时候则可以动用强制手段，取得的效果会更加明显。

家长还应该明白，孩子的业余生活不仅仅是玩那么简单，从素质教育的角度来说，业余生活也是一种学习，是孩子的人生社会化进程的重要途径。家长可以通过指导孩子的业余生活，帮助孩子建立健康的生活习惯和科学的思维方式，培养良好的心态和时间统筹管理能力，还可以教会孩子如何应对紧张的局面，使自己的人际关系更加融洽。

所以，家长在孩子的业余生活指导中扮演了主要角色，切不可掉以轻心。当然，家长也不可盲目地指导孩子，而是应当首先在认识上破除一些误区，然后根据自己对孩子的了解，制定具体的指导方法。

三、了解并指导孩子看电视

女儿从小就是个电视迷，现在读高中了还是老样子，每天一回家，什么都顾不上做，先打开电视看。丁女士对女儿迷恋电视的毛病一直很担忧，她知道完全禁止电视也是不可取的，只能做了一些限制性的规定：一是限制女儿看电视的时间。她规定考试期间不允许看电视，周一至周五只允许看新闻，周末看电视时不允许超过晚上 12 点钟。二是限制女儿看电视的内容。她只允许女儿看她认为有教育意义的电视节目，对于那些恋爱题材的电视剧一律封杀。

丁女士的做法在限制女儿看电视的时间上有可取的一面，但是在内容上未免太霸道了。但丁女士算好的了，很多家长干脆不让孩子看电视，就有些不近人情了。

电视已经成为当今人们生活的一部分了，而且许多频道分门别类，总能让你找到自己喜欢的节目。中学生处于接受新生事物、认识世界的年龄阶段，电视对他们的吸引力非常强。许多家长以为电视节目会影响孩子学习而禁止他们看，其实好节目的教育意义远胜于课本。家长应有选择地让孩子去看，让孩子从中增长课外知识，并开阔眼界。

要想指导孩子，首先要知道孩子都喜欢看什么类型的节目。一般孩子最喜欢看的是娱乐综艺类节目，其次是卡通片，再次是青春剧，然后是体育节目，最后才是新闻。

娱乐综艺类节目要选择那些歌舞和语言类节目，远离那些恶搞的节目。卡通片越来越成人化，有些带有一定的色情内容，这方面的要注意。青春偶像剧正在深刻影响着青少年的审美观和生活行为，所以要选择那些励志类的、阳光型的去看，不要看那些散漫的、颓废的电视剧。体育节目只要不至于上瘾，家长应鼓励孩子看。而新闻，即使孩子不喜欢看，家长也应采取一些强制手段让他看。

家长还应该让孩子明白，由于青少年大多不具备分析能力和自控能力，往往会受到一些成人化节目的不利影响。所以，限制他们看电视是父母的一番苦心。

四、了解并指导孩子上网

钱女士夫妇都是大学教师，曾一起被派到国外进修 5 年。儿子随他们一起在美国生活并完成了小学课程，然后回国读中学。一段时间后，钱女士发现儿子的学习成绩完全跟不上，起初以为是儿子适应不了国内的教育模式，后来她发现，其实主要的原因是儿子迷上了网络游戏，对学习失去了兴趣。钱女士很纳闷：为什么孩子在国外有电脑，也有时间玩，却没有沉迷进去，怎么现在这么短的时间内就上瘾了呢？

钱女士要解决这一疑问，需对中美两国社会形态做个对比。

在美国，有网瘾的主要是老人。但在中国，主要是青少年。这首先源于父母。国外的父母喜欢带孩子开展户外活动，而中国的父母则多喜欢相对封闭的休闲游戏。很大一部分孩子是在父母玩“斗地主”的影响下迷上网游的。中国的父母很多都喜

欢上网玩游戏，而国外的家长就少得多。从20世纪80年代开始，美国已经是全电脑化办公，美国的孩子是看着父母用电脑办公长大的，自然地把电脑和网络当成了信息获取的工具，而不是娱乐工具。而中国的孩子正好相反。

有些家长不上网，那么孩子是怎么染上网瘾的呢？主要是学习的压力。中国的高中生是世界上学习压力最大的学生，他们学习时间长，学习压力重，而且学习就是单纯地为了考试。除了学习和考试，他们几乎没有其他活动。于是，一有点时间，他们就去网上放松一下。在网游世界，他们主宰一切，更容易找到快乐，沉迷其中也就不奇怪了。家长要充分了解孩子迷恋网络游戏的原因，然后给孩子创造多姿多彩的活动，让孩子感觉现实中的快乐要远远大于虚拟世界中的乐趣，网瘾也就自然戒除了。

戒网瘾并不是戒网络。网络有很多的乐趣，也是学习的一个很好的途径。在有条件的情况下，家长不懂上网是不行的。家长不仅要懂上网，还要以身作则，自己首先不玩游戏，这样指导孩子时才有底气。那些没有条件上网的家长，或者怎么也学不会上网的家长，要委托老师对孩子的上网给予指导。如果孩子是通过上网查阅资料学习，一定要鼓励。如果发现孩子迷恋网络游戏，则要立即用强制手段禁止，然后多与孩子沟通，带孩子参加其他的活动，转移孩子的兴趣点。

五、引导孩子做家务

小贝一回到家，除了做作业，就是躺在床上，特别是在寒暑假的时候，特别浪费时间。以前，妈妈给小贝买书，希望他用阅读去打发时间。小贝喜欢阅读，但更喜欢躺在床上读书。

这样对眼睛伤害很大。后来，妈妈改变了方法，让小贝干家务活。刚开始，妈妈让小贝先洗自己的衣服，然后让他试着整理自己的房间，慢慢地再让他干其他的家务活。多干了些家务活之后，小贝的精神状态好了很多，身体也得到了锻炼。

让男孩子做家务，亏小贝的妈妈想得出来！不过，想得真好，值得表扬！这不仅可以减轻父母的负担，锻炼了孩子。

一项针对孩子做家务的调查发现：经常做家务的孩子不足3%。大部分孩子把时间浪费在看电视、上网或者跟同学搞什么派对上去了，这样不利于孩子的健康成长。

勤劳是中华民族的优良传统，但是如今的孩子大部分染上了好逸恶劳的坏习惯。很多父母认为只要孩子学习好，其余的事都是次要的。这不是在爱孩子，而是害了孩子。

不要小看琐碎的家务活，它们可以锻炼出孩子许多优良品格。古人说：一屋不扫何以扫天下？良好的劳动习惯可以培养人的动手能力、独立能力，养成勤劳的习惯，更可以让孩子体会到生活的意义，从小树立家庭责任心，为家长减轻家庭负担。因此，我们要从小培养孩子的劳动能力，使孩子们能全面成长。

特别提示【重合两代人的业余生活】

很多家长说孩子好像没有什么业余生活，更谈不上精彩。在这里，我们要提醒家长的是，孩子的业余生活是完全可以策划出来的，这需要家长和孩子一起完成。

怎么策划呢？比如说吧，下棋、摄影、钓鱼、雕刻、插花、做点心、做模型等等，都是不错的活动。家长可将自己的喜好与孩子的兴趣对接，然后合理地安排时间，最好把孩子的业余生活与家长的业余生活结合起来。

将两代人的业余生活重合起来，不仅便于亲子沟通，解决“代沟”问题，在家庭里营造和谐氛围，还可以让孩子接触更多的社会生活，开拓他们的眼界，让他们获得更多的实践锻炼的机会。

第三节 别做孩子眼中的“老古董”

一、女儿在写“天书”

宋先生平时不太关心女儿的情况，用他的话说就是“女儿已经长大了，父亲不便于管得太细”。但他不是管得稍宽，而是根本不怎么管了。但是，一件偶然发生的事情，让他不得不管了。

一天，宋先生打开邮箱，发现女儿给他发了一封信。他看了半天，愣是看不懂来信的意思。女儿给他的信就像是“天书”，里面的文字有繁体的，简体的，有日语的，有英语的，俄语的，相互杂糅。他去问女儿这是怎么回事，女儿惊恐万分，原来她是把发给一个好朋友的信错发给老爸了。但是，当她看到老爸一头雾水，马上又高兴起来，说没什么，只是信件在传输过程中出现了乱码。宋先生问女儿乱码之前是什么内容，女儿说那是向老爸汇报学习情况呢！宋先生明知道女儿在撒谎，但也没办法。

后来，宋先生才知道，女儿用的是火星文，根本就不是什么乱码。用一种特殊的转换器，宋先生还原了那封信的原貌。信中，女儿跟另一个女孩子在谈化妆品，谈明星，还谈哪些男孩子长得帅，哪些男孩子在追求自己。宋先生惊呼：不懂孩子们的那些小伎俩，还真的不行！

宋先生的遭遇，很多家长也遭遇过。有些家长甚至碰到的是孩子的情书，但由于不懂得孩子们的语言，结果像宋先生一样被蒙得傻愣傻愣的。

近几年，“火星文”在中学生群体里相当流行，成为中学生必备的网络语言。这种语言其实很简单，只要你稍微耐心点，不用什么转换器，你也能猜个八九不离十。但是，有些家长离孩子的生活太远了，不光不懂“火星文”，连孩子们的特殊思维和一些新锐的说法都不懂，那就算是把“火星文”翻译过来，对于家长来说也还是在看“天书”。

二、家长跟不上孩子的成长

在当今社会，信息拥有多种快速传播的渠道，比如报纸、电视、网络、手机短信等等。孩子的接受能力是非常强的，特别是对于高中生来说，正是学习能力最强的时候，大部分新鲜的事儿，高中生只要感兴趣，了解起来异常迅速。而家长呢？由于工作压力大，除了专注于自己本专业的信息，对其他领域的信息无暇顾及。所以，相对来说，家长是落后了，经常被孩子称作“跟不上时代了，老古董了”。很多家长也认同了这种说法，认为自己真的跟不上孩子的发展了。

其实这是一个误区。

家长虽然处于年龄的“劣势”，但无论在时间上，还是在精力上都有可能比孩子掌握的信息要多。孩子关注的信息无非是影视或体育明星、科技、军事以及跟他们的年龄相关的一些小玩法。他们平时的学习压力很大，决定了他们不可能花很多时间和精力去关注学习以外的事情。即便是上面提到的几个方面，家长也完全有能力比孩子懂得还多，因为家长的知识结构和生活阅历远比孩子要完善和深厚得多。所以，家长首先要在认识上破除误区，然后在行动上去证明自己不是个“老古董”，跟上时代的发展是完全没有问题的。孩子也会因此而信任，甚至崇拜家长。

三、告诉孩子偶像也是人

康健是个体育迷，他就迷两个体育明星，一个是姚明，一个是刘翔。凡是有姚明的比赛，他每场必看，如果因为学习耽误了，他就让爸爸把那场比赛录下来。凡是有刘翔的新闻，他也是必看。他看报、看电视、上网主要看体育版面和频道。

在2008年奥运会期间，他几乎天天做梦梦见刘翔又拿了冠军。结果，刘翔因伤退出比赛。康健为此两天没吃饭，然后是愤怒，用各种他能想到的骂人的话骂刘翔。骂过之后，还是心疼刘翔，又不断地为刘翔祝福。姚明呢？在康健心目中堪称完美，只是经常因为看不到他的比赛而大发脾气。

康健的爸爸也是个体育爱好者，但他比儿子要理性得多。他经常跟儿子说的话就是“明星也是人，是人就有错”。刘翔退赛的时候，儿子很刻薄地指责刘翔，爸爸却在一旁为刘翔辩护。在儿子夸张地赞美姚明时，爸爸也会很专业地指出姚明的很多缺点。在爸爸的影响下，康健也渐渐地变得理性起来。

追星是高中生的一个“通病”。体育明星还算一般的，高中生最迷恋的还是娱乐界的明星。一个“超级女声”的比赛，造就了很多年轻的明星，成千上万的少女纷纷学歌，报考音乐学院。

追星追得最猛的莫过于甘肃女孩杨丽娟了，她追刘德华追得家破人亡。这样的悲剧不是开始，也不是终结，不断有“杨丽娟们”踏上这条不归路。所以，家长不可姑息这样的事情发生、恶化。家长要告诉孩子，欣赏明星可以，但不能盲目追捧。追星上瘾也是一种病，药方就是理性。理性追星不仅不会伤到孩子，还会给孩子的学习和生活带来动力和希望。如果杨丽娟从小告诉自己要努力，写歌或者写剧本，说不定有一天刘德华会唱她写的歌，演她写的电影呢！

明星也是人，不能把他们看得太高，也不能对明星视而不见，毕竟他们身上光芒四射，很多地方值得我们学习。

四、告诉孩子别急着赚钱

袁惠仪是某中学高二的学生，最近她在某网站上开了一间网店，专门卖女孩子喜欢的一些小玩意儿，生意不错，一个月能赚八九百块钱。她没把开网店的事情告诉父母，而是自己偷着乐。但细心的妈妈发现了一些蛛丝马迹，她发现女儿的零花钱突然多了起来，有一次邻居家的孩子来找女儿还钱。女儿居然借给了那个孩子500多块钱？女儿哪里来的那么多钱？她拿这件事问女儿，女儿觉得没法遮掩了，就把自己开网店的事说了出来，还把自己做生意挣来的两千多块钱交了出来。妈妈听到此事非常惊喜，女儿也能挣钱了！但又一想，女儿现在是挣钱的时候吗？可不要因为挣钱影响了学习啊！

这位妈妈的担心并不是多余的，就说开“网店”吧，很多高中生已经把“网店”开得红红火火了。还有一些孩子私下里做“买卖”，批发图书、学习用具、游戏卡等卖给同学。还有一些学校在校园里举办“跳蚤市场”，学生可以摆摊做生意。我们认为这些事情很新鲜，但并不是有些媒体宣称的是中学生的“新生事物”，并且不值得鼓励。

赚钱不是高中生的主要任务，也算不上什么理财教育。俗话说，无商不奸。只要是卖东西，就要考虑成本和利润，就会掺杂很多奸诈的成分。奸诈不仅不需要教育，还是我们的教育所针对的。那么“理财教育”呢？名曰“理财教育”，其实是“消费教育”的内容。无论是在网上淘宝，还是在跳蚤市场上买东西，无非就是教孩子认识金钱、计划用钱、节约用钱、理性消费等，这些内容在平时的家庭生活中就能够完成。家长让孩子把用不着的书籍、学习用具，无偿捐献给那些家庭生活困难或者灾区的同龄人，倒是我们应当大力提倡和表扬的。通过捐献获得“道义”上的教益，比通过买卖获得的经济利益要大得多，也珍贵得多。我们以为，先不要教孩子们学会“买卖”和“算账”，不要过早地教孩子们赚钱，而首先要让孩子学会做一个好人，给人生的发展打好基础。

特别提示【家长应与时俱进】

随着经济社会的发展，人们的思想观念每天都在变化，孩子与家长之间形成的“代沟”也越来越大。消除“代沟”，最好的办法是家庭教育与时俱进。

1. 追求时尚要辩证。对于孩子追求时尚，家长应辨证看待。时尚的东西，不一定全是坏的，当然也不一定全是好的。作为家长，心里应该有个尺度，并在与孩子的沟通中因势利导。

2. 应加强上网监控。网络是一把“双刃剑”，家长应引导孩子正确地利用网络，关注孩子对网络文化的兴趣方向，对孩子的网络文化兴趣方向实施有效的矫正。比如，很多高中生喜欢玩开心网，在网上虚拟过成年人的生活，上瘾了则欲罢不能。

3. 观念要跟上孩子成长。家长应该关注孩子的身心发展，主动了解孩子的心理需求，主动学习必要的青春期卫生知识，创造适宜的时机，立足于孩子的实际给予正面引导。

【作业题】

1. “倾听”的具体含义是什么?
2. 对于孩子的业余生活，家长应持什么态度?
3. 从自身出发，家长该如何跟上时代和孩子的步伐?

第六章　与孩子一起感受浪漫

一提到青春期教育，大部分家长就将其与性教育画等号，其实青春期教育最重要的还是一种人生教育。包括两性之间的友情、爱情、择偶、婚姻等人生课程。家长应让孩子学习两性交往的知识与技能，懂得性别社会化、性别差异与性别角色、两性尊重与平等的基本概念。

家长要用平常心对待孩子的异性交往，引导孩子建立真正的异性友谊。引导孩子正确面对初恋，肯定孩子的初恋是圣洁的，要走进孩子的心灵，与孩子交朋友，跟孩子一起面对青春期的每一次悸动。

此外，家长还要坚决制止孩子在异性交往中的不良行为，防止孩子发生“性罪错”，远离性侵害。在孩子遭遇性侵害时，与孩子一起共同抵抗，运用法律手段保护自己的权益。

第一节　青春期教育不只是性教育

一、孩子突然拗起来

小彤是个很听话的孩子，在学校里被老师认定为情绪最稳定、最没有问题的学生，在家里被父母看做是个温顺的小绵羊，从不让父母操心。但是，上了高中以后，她的妈妈发现小彤有些不同了。

小彤开始跟妈妈顶嘴了，这在以前是不可能的。而且，她变得越来越执拗，父母让她做的她总会编出一些理由来不做。以前家里来了客人，妈妈总是事先嘱咐小彤向客人问好，小彤则会很听话地照着去做。但是，自从上了高中后，妈妈不敢再这样了。因为，你若嘱咐了，小彤不仅会表现出很烦的样子，而且还不会照着去做，而你若不嘱咐，她反而会彬彬有礼地跟客人说话。以前小彤的朋友，妈妈都知道。现在，小彤再交朋友就不跟妈妈讲了，特别是在跟一些男同学交往的时候。小彤现在碰上什么委屈也不回家说了，心里藏了很多事。

小彤这种情况很正常，严格来说女孩子从初中就这样了，小彤的心理发育还有些晚了。

孩子进入青春期了，也就步入了另一个反抗的时期。他们往往对生活采取消极反抗的态度，否定以前养成的良好的生活习惯和学习方式。这种反抗倾向，主要表现在青少年对父母、老师和社会的要求、规范的抗拒态度和行为上，往往是非理性的，大部分时候对孩子是有害的。他们这个时期的“逆反”跟以往年龄小的时候有所不同，小时候的逆反是单纯的逆反，而这个时期在逆反的同时，他们还会极力维持和保护与父母、老师和社会的正常关系。这种矛盾心理会给青少年带来很大的心理负担，不亚于异性交往与繁重的学习所带给他们的压力。

高中生的“逆反”情绪有其深层次原因。高中生的身高、体重、肌肉力量等的发育已经成熟，特别是性发育的成熟。这决定了他们必须在抛弃各种孩子气、幼稚的思想观念和行为模式的同时逐步建立起较为成熟的、更加符合社会规范的思想观念和行为模式。他们要逐渐担负一部分由成人担负的工作，环境可能会不断把一些由成人来办理的事项交给他们去办理。他们会越来越觉得自己不再是个孩子了，如果父母再把他们当孩子看待，他们自然会感到不满，甚至“逆反”了。

二、青春期教育不等于性教育

一提到青春期教育，大部分家长就将之与性教育画等号，随后又将性教育与性知识教育画等号。由于性知识含有很多两性的难以启齿的令人“想入非非”的内容，所以很多家长认为高中生只需要关心学习就够了，不要对他们进行性教育，否则就会使他们分心，或者担心性教育会给孩子带来不利影响，会诱使孩子“犯罪”。这些是误区里的误区，需要家长及时走出来。

1. 性知识教育属于青春期教育

性教育所要讲的关于性的一系列知识都是青春期教育的范畴。这些知识包括：女性妊娠和一个生命的诞生；人在成长过程中规律与不规律的生理现象；身体特征上阶段性的变化及其原因；性欲望、性吸引、性冲动和性宣泄等在生理上和心理上的呈现；性健康以及性保护的具体知识；预防意外怀孕与科学的避孕措施；性病、艾滋病的防治等知识。

2. 性心理、性道德教育

性教育不仅是性知识教育，更重要的是孩子的性心理、性道德和性行为的教育。

性心理主要是科学处理性幻想、性冲动等心理现象，引导学生正确认识自身性心理的变化，性意识的各种不同表现，促进学生的心理平衡。性道德教育主要是启发孩子正确处理学习、恋爱和友谊的关系，努力克制自己的性冲动，将主要精力放到对人生远大目标的追求上；引导孩子划清正常的异性交往和性犯罪的界限，增强学生在性问题上的守法意识。性行为教育主要是告诉孩子性行为对青少年的危害，以及万一发生了性行为该如何保证安全等。

除了性教育，青春期教育还是一种人生教育。包括两性之间的友情、爱情、择偶、婚姻等人生课程。家长应让孩子学习两性交往的知识与技能，懂得性别社会化、性别差异与性别角色、两性尊重与平等的基本概念。

三、三道“防火墙”保护孩子

魏红跟女儿是无话不谈的朋友，她在很多时候有意地跟女儿谈“性”。在谈“性”时，她采取了三个步骤。

刚刚开始谈“性”时，除了谈性知识，她还告诉女儿在未成年之前一定不要有性关系。因为，她还小，无法承受性关系的后果。性欲虽然是一种本能，但与食欲和睡欲不同。一个人不吃饭和不睡觉会死，但是没有性爱却不会死。后来，随着聊天的深入，魏红进一步告诉女儿，她相信女儿在未成年之前不会“越轨”，但她仍教给女儿一些避孕和紧急避孕的方法。她又告诉女儿，如果避孕失败了怎么办等。

魏红用跟女儿谈心的形式，逐步帮女儿构筑了三道“防火墙”。她说的是个案，我们说说普遍情况。

1. 第一道“防火墙”是防止性行为

父母要告诉孩子不要与别人发生性关系，否则将会耽误自己的前程。光这样教条地说当然不行，家长要注意收集报刊上报道的关于未成年怀孕造成惨剧的真实案例，把这些报道拿给孩子看，用事实说话。当然，一些家长否定性欲望和性冲动，是违背人性的。我们要告诉孩子由于年龄和阅历的关系，他们还不适合过性生活。

2. 第二道“防火墙”就是避孕和紧急避孕

虽然我们构筑了第一道“防火墙”，但还是有很多孩子“勇敢”地翻墙而过。家长应该面对现实，要教孩子如何避孕和紧急避孕。避孕的基本方法是戴安全套和吃避孕药，紧急避孕的唯一方法是吃事后紧急避孕药。这些对孩子来说都还很陌生，家长不仅要教，还要告诉孩子哪里能买得到。

3. 第三道“防火墙”是终止妊娠

安全套不是百分百安全的，避孕药也有失效的时候，对于有了性行为的孩子来说怀孕的可能性非常大。根据现有的医疗技术条件，3 个月之内终止妊娠相对安全。所以家长要带孩子赶在这个时期去做人流，一定不要等到大月份再引产，更不要带孩子去黑诊所。

四、青春期的困惑

莫兵是个从小就很独立的孩子，上了高中后这种特性更加明显地表现了出来。

他所就读的学校可以住宿，也可以走读。父母建议他走读，但他却执意住校。父母拗不过他，就答应了。住到学校后，莫兵很少跟父母联系。周末回家，也跟学校差不多，不愿受父母过多的照顾或干预，甚至不允许父母动他的东西。莫兵对一些事物是非曲直的判断，总是固守己见，不愿意听从父母的意见。对于家里的跟他无关的事情，他也乐于发表意见，从不顾父母的感受。不仅如此，他对一些传统的、权威的结论也持异议，喜欢抨击时弊，看新闻时边看边发牢骚。但由于社会阅历、生活经验不足，再加上行事鲁莽，莫兵经常碰壁。他非常烦恼，脾气变得越来越暴躁，开始影响到学习了。对于一些难以解决的事情，他不得不从父母那里寻求帮助，而这正是他极度不愿意做的。更让他苦恼的是，他花的每一分钱都必须跟父母要，这使他很多时候不得不屈服于父母的威严。

莫兵的这种苦恼是独立性和依赖性的矛盾带来的。他觉得他已经长大了，可以独立了，但实际上不是这么回事。

成人感是高中生普遍的心理趋向。身体上的成熟使他们错认为自己已经长成大人了。他们在行为活动、思维方式、社交礼仪等方面有意地表现出成人的特征。他们在心里渴望别人把他们当大人看，像对待大人一样地尊重他们，理解他们。但由于年龄不足，社会经验和生活经验及知识的局限性，他们在思想和行为上往往盲目鲁莽，易做傻事、蠢事，带有明显的小孩子气，甚至很幼稚。

除了以上提到的心理矛盾带来的苦恼，青春期的孩子还面临着另一个烦恼，那就是渴望与异性交往。由于性发育的成熟，青春期的孩子出现了与异性交往的渴求。比如喜欢接近异性，但真正接近时又特别害羞。他们想了解性知识，但又找不到正确的途径。他们喜欢在异性面前表现自己，但往往弄巧成拙。他们想谈恋爱，但只能谈“地下恋爱”，一旦公开就会成为众矢之的。这些烦恼不断地困扰着青少年，使他们处于压抑状态。

孩子有很多烦恼，但家长不要过于担心。青春期的孩子就是在成长的烦恼中逐渐成熟的，这是很自然的。家长要保持平和的心态，不要看到孩子的反常行为就惊慌失措，更不要打骂指责。而要跟孩子做朋友，用积极的态度和正确的方法引导孩子。

五、对孩子进行人生教育

“青春期教育是一种人生教育，家长应该是积极的，而不应该等孩子出了问题后消极地去应付。”李时英说。

李时英是某报社的编辑，对青少年心理有一定的研究。她的儿子读高二了，是一个阳光乐观的男孩，学习成绩很好，人际关系也不错。李时英在很多家长眼里是一个成功的妈妈，她也就成了很多家长咨询的对象。

人们总是重复问她如何解决孩子青春期的问题。

李时英说：“出了问题才想到教育本身就是教育的失败。青春期教育虽然要正视青少年已经出现的问题并寻求解决，但这些问题的产生多数是由于我们的家庭教育出了问题。所以，当我们面对孩子的某个问题时，首先要问的不是他们怎么了，而是我们作为家长的怎么了？”

李时英说得没错，我们总是消极地去教育孩子，等孩子出现了问题才开始关注孩子。而成功的家长应是事先进行积极的教育。

然而，一些家长总是从孩子存在的种种不良现象出发，进行教育的。这种观念本身就是危险的，它把教育者看作“警察”或“医生”，把孩子当作“罪犯”和“病人”，把本该以沟通为主的青春期教育变成了敌对的问责与“劳改”，或者变成了永无休止的“会诊”和“手术”。这是治标不治本的，而且是一种过去时的教育，它扭曲了青春，进而扭曲了青春期的孩子的人格。

青春期教育应该更多的是人生价值和发展轨迹的教育，具体到家庭教育，就是家长通过一定的方法让孩子成为一个符合社会发展要求的独立而又统一的个体。

青春期教育应该是从青春期对人生发展的积极意义出发进行的人生观教育，是立足青少年的现在、面向青少年未来的发展性教育。

青春期教育应该是对青少年身心发展的主动的、积极的影响与干预。这种影响与干预不能是一种以过来人自居的高高在上的训斥与命令，而是要走进孩子的心灵，与孩子交朋友，跟孩子一起面对青春期的每一次悸动，以便帮助孩子平安愉快地度过青春期，帮助他们形成健全的人格，迎接更加绚烂的未来。

特别提示【孩子青春期心理健康的标准】

青春期教育，谁应当唱主角？当然是家长！但很多家长不懂得青春期教育，总是以为孩子进入青春期了肯定是问题多多，没问题也偏要找出点问题来。所以，我们有必要给家长提供一些标准，让他们知道符合这些标准的都是健康的。

1. 如果你的孩子与大部分孩子相似，那一定是健康的。如果孩子的想法、言语举止、嗜好、服饰等与其他的孩子大相径庭，那你就要注意了。

2. 如果你的孩子精力充沛，那一定是健康的。相反，如果看上去老气横秋，那他的心理就不大健康了。

3. 如果你的孩子喜欢扎堆成群，那一定是健康的。如果他喜欢独处，不愿参加群体活动，那是危险的。

4. 如果你的孩子乐观进取，情绪愉快，那一定是健康的。如果孩子多愁善感，情绪忧郁，那一定是有心理问题了。

5. 如果你的孩子看问题不极端，遇挫反应不是很大，那一定是健康的。比如因考试失败而一时不悦，是正常的现象；但如果他对考试失败无动于衷，或反应强烈，为此不吃饭，甚至轻生，就是心理疾病了。

6. 如果你的孩子能面对现实，遇到困难勇于寻找解决之道，那一定是健康的。相反，如果孩子面对困难选择逃避或者自欺欺人，久了就会发展成病态。

7. 如果你的孩子做事有条不紊，专心致志，而且有决心和毅力，而不是三心二意，那一定是健康的。

第二节　青春期的异性交往并不都是恋爱

一、女儿收到了“情书”

厉以青最近为女儿的事牵肠挂肚，不知道该如何是好。

前几天，在帮助女儿整理书包时，她意外发现了女儿班上的男生小刚给女儿写的一封信。信中虽然没有提到爱啊什么的，但作为一个过来人，她能感觉到小刚对女儿产生了好感。

女儿是班长，小刚是学习委员，两个人因为工作的关系经常单独接触，彼此产生好感并不奇怪。但作为一位母亲，厉以青很担心这封朦胧的“情书”会影响女儿的学习。明年就要高考了，可耽误不得啊！

但怎么跟女儿说呢？难道就直接问她为什么有男生给她写情书？那你是怎么看到的？不是明摆着告诉女儿她在偷看女儿的隐私吗？搞不好母女会大吵一番。女儿从初中开始就不允许她查看自己的书包了，何况现在这么大了。即便是捅破了这层窗户纸，就说自己偷看了女儿的信，那又如何呢？那封信没什么大不了的。如果是从别人家的孩子那里翻出来的这封信，厉以青会满不在乎，因为那真的算不上是情书。如果理性分析一下，倒像是一份“述职”报告，学习委员向班长在汇报工作，当然中间夹杂一些“下属”对“领导”的仰慕之情。

这个案例有趣极了，真的是“杞人忧天”的又一个版本。我们不是厉以青，面对的也不是自己的孩子，我们当然能够理性地看待这个问题。厉以青的女儿和小刚的确没什么，虽然我们没有看到这封信的真实内容，但我们通过厉以青的表现可以猜到这封信应该是一封很正常的学习、工作交流信，根本不是什么“情书”。

我们也很能理解厉以青的“杞人忧天”，如果换作是我们，面对自己的女儿，也会多担几分心，只是没有她那样担心过头而已。既然她担心过头了，不如干脆跟女儿好好谈谈，向女儿承认偷看了她的隐私又如何呢？顶多表示道歉吧。而且是出于对女儿的关心和爱护，相信她那个当班长的女儿肯定会有这个觉悟的，不会怪她的。母女促膝而谈，平等沟通，我们相信问题会解决的。

二、高中并不是恋爱的高发期

高中生是孩子青春期的后半部分，孩子的身体发育已经成熟，心理也逐渐成人化。一些人因此认为，高中阶段是孩子最容易恋爱的时候。有些家长像侦探一样监视孩子，非要在孩子身上找出点恋爱迹象来不可。家长神经兮兮的，对孩子说的一切有关异性的事都很敏感，都要“顺藤摸瓜”一番。结果导致亲子关系恶劣，很多孩子跟家长闹情绪，搞对立。这其实是一个认识上的误区，进而导致了行动的错误。

高中阶段不是学生恋爱的高发期。原因有三：

1. 高中阶段学习压力重，学生没有时间和精力去恋爱。

现在的高中生从踏入高中大门那一刻开始，就被学校管得严严的，被课程压得死死的。一场连着一场的考试，让大部分高中生疲于应对，很难分心去想那些剪不断理还乱的情感问题。

2. 高中生普遍有了责任感

他们肩负着父母的嘱托和老师的希望，决心通过自己的艰苦努力考上理想的大学。高中生更看重人生的整体发展，更注重价值的自我实现。在这一点上，女孩的自律性要比男孩强，对于男孩的追求表现得非常冷淡，而且在很多情况下对于男孩的“不学无术”或者“为情所困”表现出不耻和鄙视。

3. 高中生对异性的要求往往是完美的

高中生对人生的另一半已经有了想象，而且往往是完美的，而现实中的男女同学都一个个非常平凡，“没有几个能看上眼的”。人人都有自己的“梦中情人”，然而那毕竟是在梦中，在现实中能对号入座的可能性微乎其微。理想总是具有排他性的，这帮助高中生分清了友人和恋人的区别。

对于孩子来说，早恋往往发生在小学高年级和初中低年级，大多都是因好奇而瞎胡闹的。到了高中，孩子已经不屑于玩这些“过家家”的游戏了。另一个恋爱高峰期将是大学二年级的时候，对高中生来说还有一道高考的门槛呢！

凡事都不是绝对的，高中不是恋爱的旺季，但也不是爱情的荒漠。一些孩子可能过于早熟，或者过于幼稚，都会发生恋爱倾向。如果家长引导不好，他们会真的恋爱起来，甚至偷吃禁果。

三、用平常心对待孩子的异性交往

关仪是个开朗漂亮的女孩子，又是文娱委员，在班里很受同学们欢迎，在全校也是一颗耀眼的明星。在筹办一次晚会时，关仪与高自己一级的男孩子万伟认识了，他们齐心协力共同把那台晚会策划得非常成功。从此之后，他们就经常见面。很多同学看见他们经常在校园的小亭子里一坐就是半天，聊得非常投机。同学们把这事告诉了班主任，班主任又把这事告诉了关仪的父母。

关仪的父亲听到此事后有些紧张，而关仪的妈妈却看得很开。她说，她最了解女儿了。女儿从小就把她当成知心朋友，女儿心里有事是绝不会对她隐瞒的。而且，她知道女儿是个性格开朗的人，每天都开开心心，大大咧咧的。如果有一天女儿突然沉静起来，那就有问题了。现在女儿一点都没变，不用担心。

一天，她跟关仪谈心，无意中提到那个男生。女儿哈哈大笑，说她跟那个男生是哥们儿，他可不是她心仪的对象，因为他的形象和性格根本就不是她欣赏的那种。但是她觉得这个大男生是个热心肠，读的书也多，交这么个“良师益友”也不错。

关仪的妈妈用一颗平常心去看待女儿跟异性的交往，是令人敬佩的。如果换了别人，肯定会大呼小叫，对女儿进行“围追堵截”了。

高中阶段的孩子已经有强烈的成人感了，他们的自尊心很强，喜欢特立独行，不希望父母对他们有过多的干预。随着性心理的发展，孩子开始对异性产生兴趣，他们喜欢跟异性交往。男生爱在女生面前逞英雄，以博得女生的好感。当女生说话的时候，他们会立即安静下来，特别认真地听女生讲话，脸上还会伴随着愉悦的神情，即使不认同对方的话，也会表现得很大度。而女生呢，会默默地看着男生在自己面前“表演”，虽然有些矜持，但目光往往是火热的，把男生的一举一动都看在眼里记在心里。有时候，女生也会故意在男生面前大声说话，或放肆地大笑，以引起男生的注意。这些都是青春期少男少女们正常的心理表现。家长要用平常心去看待这些现象，要充分了解孩子的心理特点和潜意识的需求，鼓励和引导孩子多参加一些男女生的集体活动。

如果父母对男女生的正常交往横加干涉，势必会引起孩子的反感，而且还可能激发孩子的逆反情绪。他们会想：你不让我跟他来往，我就偏跟他好，我就爱上他了，你看怎么办吧！生活中，这样的例子太多了。很多孩子因为跟父母在情绪上严重对立，产生了不可遏制的逆反心理，结果一时冲动做了不该做的事。

家长正确的态度是把心放平稳，要相信没什么大不了的。然后要尊重孩子交朋友的权利，相信孩子绝对不会做出傻事来。还要了解孩子的心理诉求，鼓励孩子去跟异性进行正常的交往。

四、引导孩子建立真正的异性友谊

亚琼发现自从上了高二之后，儿子就有了一个“女朋友”，经常看到他们一起骑车上学和回家。那个女孩也是亚琼家所在的小区里的。有了这个“女朋友”以后，亚琼发现儿子变了很多，让人省心了不少。以前，儿子不修边幅，换衣服也是她逼着换，还不想洗澡。现在，儿子不仅天天乖乖地洗澡，而且也开始自己洗衣服了。以前，每天早上得叫八遍他才起床，现在好了，闹钟一响，他一下子就跳起来，穿衣、洗漱也干净利索。他要赶时间呢，人家女孩子在小区的门口等他呢！不仅生活上有了改变，亚琼还听老师说，儿子的学习成绩在稳步提升。以前，儿子数学好，语文一塌糊涂，尤其是写作文时，被老师称为“没心没肺”的。可是近来，老师说儿子的情感细腻了不少，他还以为是家庭教育上来了呢！

亚琼发现儿子这些好的变化之后，对儿子跟那位女孩的交往就更加放心了。她让儿子请那个女孩来家里吃饭，儿子欣然同意了。这就说明，儿子跟那个女孩只是纯洁的友谊。那个女孩来家里吃饭，也大大方方的，在饭桌上还不留情面地指出了儿子很多缺点。亚琼开心极了，她庆幸儿子找了一个能直言其缺点的“女友”，她也找到了儿子进步的真正原因。

这样的“女朋友”真是交对了，我们真替这个男孩高兴，也对亚琼的表现报以掌声。亚琼是一个聪明的母亲，她没有对儿子交“女朋友”过早地下定论，也没有盲目乐观。而是暗中观察了一段时间，如果发现问题她会及时出手，如果没什么问题她就推动这份友谊向前发展。

家长有一双能分辨孩子与异性交往是否正常的慧眼是很重要的。那么，哪些是正常的异性交往呢？一般来说，学校组织的群体活动是正常的，家长可鼓励学生参加。一些很谈得来的孩子之间的交往也是正常的，他们在学习上互相帮助，在休息时谈谈心，是非常好的。过节或者孩子生日时，异性同学来家里做客，送个贺卡、写封祝福的信什么的也是很好的。这些都是孩子之间的纯洁的友谊，不仅无可非议，家长还要鼓励。

家长在鼓励孩子进行正常的异性交往时，要帮助孩子把握分寸。家长要教育孩子与异性交往时要从容大方，不忸怩作态，不动手动脚。女孩子的衣着不要过露、过紧。说话时要亲切自然，彼此要保持一定的距离，不要拉拉扯扯、搂搂抱抱。还要注意交往的时间、地点和场合，以免引起别人的误会。

如果孩子经常跟一个固定的异性同学来往，而且不是光明正大的，家长就要注意了，因为这有向恋爱发展的趋势。家长不要去禁、堵，而是应该通过谈心去疏导，去商量。这样的谈心要建立在平等的基础上，让孩子自愿说出想说的话。家长成了孩子的朋友了，那么即便是恋爱问题，孩子也愿意跟父母一起寻找解决的办法。

特别提示【家长跟孩子谈心的小招数】

孩子大了，家长跟孩子谈心时一定要讲究策略和方法，特别是在谈关于爱情的话题时，特别是针对孩子自己时，如果直来直去，势必导致话不投机，不欢而散。所以，家长应该掌握几个小招数。

1. “现身法”。父母可以讲述自己年轻时候处理情感的故事，不管是成功的，还是失败的都可以，只要坦诚就行。这种真实的而且是发自内心的渗透着亲情的故事很容易打动孩子，也很容易让孩子接受其中的爱情观，对引发孩子的思考有很好的效果。

2. “分享法”。家长要跟孩子建立平等、融洽的关系，在谈论爱情这个话题时更应该跟孩子讲民主。在这个基础上，家长要告诉孩子爱情是人类最美好的感情，是神圣不容亵渎的，更不可鲁莽、草率。爱情最终的目标是责任，孩子稚嫩的肩膀是挑不起这份沉重的担子的。

3. “比喻法”。家长要巧妙地用现实中的例子作比喻，让孩子体悟其中的道理。比如，高中时代的爱情是青苹果，虽然你提前尝到了，但青涩难吃，不如等到熟透了再吃。

4. “暗示法”。家长可以收集一些情感故事，用别人处理情感的方法来诱导孩子，促使他们去思考。但家长要注意，讲故事就是讲故事，不要掺杂自己的说教，否则就会引起孩子的反感。

第三节　引导孩子正确面对初恋

一、初恋让女儿不知所措

阿慧是广州某中学高二的学生，一直是个开朗活泼的女孩子。但是，最近不知怎么却出现了异常行为，经常用小刀划手腕。旧的伤口还没有完全愈合，新的又出现了。伤痕虽然只是浅浅的，远不会危及生命，但看了也令人心惊肉跳。现在划得浅，如果以后划得深了呢？父母为此事吓坏了。

原来，阿慧喜欢上了班上的一个男生。那个男生学习成绩很好，考重点大学一点悬念没有。阿慧的学习成绩也还可以，努力一下考个本科也不是问题，但是她想跟那个男生一起考到重点大学里去。她想跟那个男生永远在一起，相守一辈子。但是，她明白现在不是恋爱的时候，一定要好好学习，考上了大学再跟他恋爱。可是，一想到考不到一起去，她就很焦虑。阿慧知道这样的心态是不好的，于是，想了很多办法去克制。一次，她心烦得不知如何是好时，就用小刀在手腕上乱划，虽然很轻，可还是渗出了血珠。看着滴滴鲜红的血珠，阿慧的心一下子静了下来。从此，每当烦躁不安时，她就划手腕。

阿慧的举动的确很令人担心，虽然这还不算是心理疾病。如果父母送她去看精神医生，反而会给了她暗示，以为自己真的是精神病了。她只是心理上稍稍出了点问题，给点心理干预就会好了。

阿慧为什么会出现这种情况呢？有人可能会说那是因为她恋爱了。你见过恋爱的人这么痛苦吗？痛苦到要割手腕？恋爱本身并不是导致阿慧割手腕的原因，真正原因是她在拼命地压抑自己的感情。恋爱是一种强大的精神力量，压是压不住的，越是压抑越是反弹，越是强烈地冲击你的理性。而且，还会转移，改头换面，让人难于看清问题的实质。阿慧就属于这种情况，搞得她自己也不知道到底是怎么回事了。

二、初恋不是早恋

萱萱在天津市某重点高中读一年级，是个内向的女孩子。

在第二个学期，萱萱开始跟一个男同学走得很近。萱萱的妈妈“审问”过萱萱，萱萱自己交代：她是对那个男孩子有感觉，那个男孩子也很喜欢她。萱萱的妈妈急了，她对萱萱的爸爸说：“这还得了？我们要坚决杜绝这种早恋行为！”她还找到萱萱的班主任，希望一起把萱萱的早恋阻止在萌芽状态。萱萱的爸爸却不以为然，他让妻子不要大惊小怪的。他说：“萱萱已经是个高中生了，不要再把她当小孩子看待了。这么大的孩子了，即使恋爱了，也不能说是早恋。在近现代史上，很多名人都是在高中时代恋爱的。”

初恋不是洪水猛兽，相反，初恋是美好的，浪漫的，是值得铭记一生的。

一提到孩子的初恋，很多家长都高度紧张，有种大敌当前的感觉。这是认识上的误区。这些家长把初恋跟早恋混淆了，其实初恋不是早恋。早恋是苦的，而初恋是甜的。

早恋侧重于“早”，主要是指小学高年级或初中低年级的孩子因对异性有强烈的好奇心而走到一起，主要是身体上的接触，没有感情基础。我们反对早恋，因为孩子太小了，身体上和心理上都不够成熟。很多早恋的孩子只是对“性”有了初步的认识，因为好奇而跟异性接触。这种接触往往是身体上的，极容易受到伤害，特别是对于女孩子来说，女孩因早恋怀孕而诱发妇科疾病的案例举不胜举。

初恋则重点在“恋”，是情感上的相互吸引，双方都是年龄较大的孩子。高中阶段的孩子如果恋爱，不能算是早恋。因为十七八岁的孩子在身体上已经发育成熟，心理上也是准成年人了。

男生和女生的相互吸引更多的是人的社会性在起作用了，更多的是人生追求和自我价值的内容。我们不反对初恋，甚至建议家长鼓励孩子把初恋说出来，做好引导工作，把初恋暂时保鲜起来，等到人生的暖春真正到来的时候再让它绽放美丽的花朵。

初恋对于每一个人来说都是一生中最宝贵的记忆，当家长的也不例外，回想起当年的那份美妙的感觉，即使到了耄耋之年也会感动不已的。作为过来人，家长不应该难为孩子的初恋，而是应当想方设法帮孩子保存这份美好的记忆。如果家长把初恋当早恋去误解甚至打压，那将是对孩子沉重的精神打击，会给孩子的一生留下抹不去的阴影。长大后，别人回想起初恋是粉红色的，美好的，而他回想起初恋则满是对父母的恨。

初恋往往是不成功的，如果引导不好也会让孩子受到伤害。当然，跟早恋相比，这种伤害更多的是情感上的。家长要肯定孩子的初恋是圣洁的，圣洁的东西就要好好珍藏，最好珍藏在心底，不要去触碰它，更不要玷污它。

三、坚决制止不良行为

郭芳发现儿子恋爱了。

她无意中发现儿子和一个女孩手拉着手走路。郭芳当时感到很紧张，但后来一想，毕竟孩子大了，恋爱也正常，只要不耽误学习就行。

儿子的学习成绩不降反升。郭芳告诉老公，这是爱情的力量。其实，郭芳当年跟老公也是在高中时恋爱的，双双考上了大学，被传为佳话。

但是，郭芳很快就乐观不起来了。她发现儿子有恋物倾向，喜欢那个女孩用过的东西，发卡啦，书本啦，甚至擦汗用过的纸巾。郭芳告诉了老公，老公高度紧张起来。他立即找儿子谈心，告诉儿子他们不反对他恋爱，但坚决反对儿子的不良习惯。儿子听后，非但没有压力，反而甩掉了包袱。他说：“你们怎么不早说啊！就是怕你们反对才不敢公开的，相思得太厉害才这样的。”

从此，儿子经常带“女朋友”来家里做客。郭芳和老公给这对“小恋人”讲他们当年的恋爱故事，鼓励他们好好保护这份爱情的种子，让它在大学里生根、发芽。

一对“老恋人”在教育一对“小恋人”，真好！

郭芳夫妇肯定了孩子的初恋，但却坚决制止了孩子由于初恋而产生的不良行为。更难能可贵的是，他们找到了孩子不良行为的症结所在，并对症下药，医治好了孩子这个可大可小的“病症”。恋物癖是一种病，任由它发展下去，后果不堪设想。但这其实就是一层窗户纸。很多家长正是因为不肯捅破这层纸，结果小事酿成了大祸，甚至是悲剧。

孩子因恋爱而生发的不良行为还有很多。我们下面列举几种。

1. 自慰带来的身心损害

“小恋人”们大多数是没有机会进行性接触的，只能想象着意中人进行自慰。自慰往往会给孩子带来沉重的负罪感，而且还会出现过频现象。家长要告诉孩子自慰并不是坏事，但要节制。给孩子消除了心理负担的同时，也降低了自慰可能带给孩子的身体上的伤害。

2. 沉迷爱河而荒废学业

我们说过，初恋是甜蜜的，是难以自拔的。孩子们会沉溺其中，忘记了学习。家长在这个时候的干预是非常重要的，要告诉孩子耽误了学习是绝对不允许的。家长要跟孩子摆事实、讲道理，必要时甚至可以警告孩子如果不听劝告就会用强制的手段阻止他们恋爱。

3. 争风吃醋而大动干戈

我们经常会看到一群女孩打一个女孩的新闻报道和网络视频。被打的那个女生多数是因为抢了人家的男朋友而引起了

“公愤”。相比之下，男孩更喜欢一对一的决斗。但无论是村妇般的掐架还是绅士般的决斗都是我们反对的。家长一旦发觉孩子有这种倾向，就应该立即制止。然后，家长要告诉孩子一个道理：爱情是靠缘分的，是你的就是你的，不是你的强求也没用。武力是解决不了任何问题的，只能证明你不够自信。

初恋引发的不良行为当然不止这些，但处理的方法是一样的，就是坚决制止。先制止，然后再想办法引导。

四、防止孩子“性罪错”

读高二的阳华跟读高三的陈梅从初中就开始恋爱了，一直保持着纯洁的恋情，没有越轨。双方父母开始时都反对，但观察了几年发现孩子们没有做出出格的事来，而且他们的学习成绩也没有受影响，也就默认了。

陈梅参加高考前夕，阳华产生了很大的危机感。陈梅学习很好，在老师们的眼里是考北大、清华的苗子。有同学对阳华说：“那些重点大学里的男生不是才子就是财子，陈梅去了那里不变心才怪呢！何况你们根本没那个呢！”阳华听了很担心，萌发了“把生米煮成熟饭”的念头，心想只要陈梅成了他的女人，就不会轻易变心了。于是，他趁父母不在家时，编了个理由把陈梅约到家里，要和陈梅发生关系。陈梅正在高考冲刺阶段，没有任何心理准备，自然拼命反抗。阳华见陈梅反抗，更加认同了那位同学说的话，气急败坏之下把陈梅打成了重伤，并强暴了她。结果，阳华被判刑，陈梅也没能参加当年的高考。

又是一起悲剧！如果阳华没有听信同学的谗言，如果他的父母没有这么粗心大意，结果可能是陈梅考入了大学，然后回过头来拉阳华一把，让他们的“恋情”在大学里开花，毕业后“结果”，该多好啊！但是，因为阳华的一时冲动，打碎了这所有的幸福。

抛开孩子的鲁莽与冲动不说，父母也应该承担一定的责任。

父母应该想到这个时期的孩子会有不良行为发生，也应该能够发现孩子的异常表现。可惜，他的父母太粗心了。我们除了批评父母粗心之外，还要批评他们的自以为是。孩子恋爱几年了，他们不但不给予正确的引导，反而默认他们的关系。这是不对的。我们反对粗暴干涉孩子的初恋，但不是说要父母允许孩子把恋爱进行到底。日久生情，情则生“性”。父母应该想到这一点。但是阳华和陈梅的父母却没能想到这一层。我们假设阳华没有强暴陈梅，他们自愿发生了性关系，虽然不是性犯罪，也算作性犯错，同样是不好的，同样会影响孩子的未来。

是的，性犯罪当然是要受到法律的惩罚的。性犯错虽然不会得到法律的制裁，也会在日后受到生活的惩罚。很多高中生在学习的黄金时期怀孕，结果荒废了学业，断送了前程。曾经有一个报道说，一对 17 岁的高中生有了孩子不愿打掉，生了下来，因怕父母责骂而抱着孩子私奔。男孩本想用自己的双手为“老婆”和孩子撑起一片天来，结果找工作屡屡碰壁，后来沦为抢劫犯。女孩为了养活孩子，不得已做了“站街女”。

还要强调一点，我们通常说“性罪错”男孩居多，因为男孩易冲动，而女孩比较矜持。但不可因此疏忽，女孩“性罪错”的事件时有发生，应引起家长的高度重视。

特别提示【文学、影视作品中的初恋】

在初恋问题上，家长的教育有时候不如一些涉及这个题材的文学作品和影视作品来得有效。下面，我们就介绍一些，建议家长推荐给孩子看。

屠格涅夫的小说《初恋》告诉年轻人初恋令人陶醉，但也酸涩。66 集韩国电视连续剧《初恋》则给我们展现了那感人至深的恋情，那相濡以沫的亲情，还有那令人动容的友情。2006 年日本电影《初恋》成功地塑造了一个为了心爱之人而铤而走险的少女形象。2004 年的意大利《初恋》描述了一个充满幻想的男人形象。

第四节　与孩子一同抵抗性侵害

一、受害女生选择沉默

事情发生在安徽阜阳。据报道，31 名高中女生被一男子强暴后，都选择了沉默。

其中，有一个高二女生，叫小岚。初中毕业以优异的成绩被城里的中学录取。学校不提供宿舍，小岚的父母和很多农村的父母一样，只好为女儿在校园周边租房居住。

一天晚上，同室的那位女生回家了。学习疲惫的小岚慢慢进入了梦乡，迷迷糊糊中感到有人重重地压在自己身上。这个人拿着一把尖刀，告诉她不要喊。小岚害怕极了，只能顺从了那个人。第二天早晨，被折磨得奄奄一息的小岚还央求那人不要把强暴她的事说出去，否则她就没法在学校待下去了。

小岚不是第一个受害者，也不是最后一个。那些遭遇性侵害的女生都和小岚一样选择了沉默，没人报警。结果使那个“色魔”的罪恶生涯延续了 3 年，作案 60 余起。

这样的报道看了令人痛心。类似的新闻事件还有很多，没有报道出来的类似的事件会更多。家长们在这方面对孩子的教育是缺乏的，孩子们不懂得如何进行自我保护，这是危险且紧迫的。

让青少年远离“性侵害”已经成为一个社会性课题，需要大家齐心协力去保护孩子，教会孩子如何自我保护。中国教育部已发布《中小学公共安全教育指导纲要》，将“性侵害”和自然灾害、校园暴力等一起列入中小学公共安全教育范畴，要求学校和家长培养孩子面临突发事件自救自护的应变能力。

二、男孩也可能遭遇性侵害

通常人们会认为女孩比男孩更容易受到性侵害。讲到性侵害这个话题，大部分男孩的家长会不以为然，他们会说：“那都是女孩子可能遭遇的危险，我们家是男孩子，没什么好注意的!”

真的没什么好注意的吗？错!

有人曾对广东、浙江、湖北、陕西、黑龙江、北京6个省市的4 327名学生做过调查，结果表明，男孩遭遇到的性侵害并不比女孩低，发生率差距只在1%～2%左右。

家长要让男孩子清楚这个问题的存在，让孩子在交往或接受邀请时提高警惕。家长要告诉孩子：要提高自己抵御诱惑的能力；对突如其来的“好事”要思虑再三；不要轻易相信陌生人；不去自己无法掌握主动权的地方，不要让别人触碰身体等。

关于这方面的教育，一些家长可能觉得说不出口。家长可把报纸上刊登的一些男孩子受到性侵害的报道作为故事说给孩子们听。从这些故事中，孩子会有所警醒，并从中吸取经验和教训。这样的教育是潜移默化的，孩子碰不上这类事件最好，就算是碰上了，也不会乱了方寸，心理上有所准备。

三、如何避免性侵害的发生

在本节开头的那个案件中，那个“色魔”并不总是能得手的。当他扮演可怜兮兮的求助者敲门时，里面的女生发现是个陌生男人，不仅不开门，还用桌椅把门顶得死死的。第二天，她们还把这件事及时告诉了老师。据报道，这些成功地避免了悲剧发生的女生之所以有如此高的警惕心，跟她们的父母事先叮嘱有关。

对于性侵害，关键是预防。家长要教孩子一些预防和避免性侵害的方法，特别是应急方法。

1. 家长要教孩子筑起思想防线，提高识别能力

家长要从小教育孩子不要贪图别人的小恩小惠，对不相识的异性不要随便说出自己的真实情况，对一般异性的馈赠和好意要有高度的警惕心。凡是对自己特别热情的异性，不管相识与否都要倍加注意。一旦发现某异性对自己不怀好意，甚至动手动脚或有越轨行为，一定要严厉拒绝、大胆反抗，并及时向家长反映。

2. 家长要教育孩子端正行为，不给坏人可乘之机

部分遭受性侵害的孩子是自己行为不当，招惹了犯罪分子。家长要提醒孩子，如果自己态度明朗，对方则会打消念头。若自己态度暧昧，就会给对方以鼓励。

3. 拒绝也要讲艺术

在拒绝对方的非分要求时，要义正词严，但不要嘲笑挖苦。只要对方收手，就不要把此事传扬出去，但以后对此人要倍加防范。中止恋爱关系后，不能结怨，以免对方实施报复性的性侵害。女生在参加群体活动与男性单独交往时，要把握分寸，不要走得太近。女生最好不要单独给男同学庆祝生日，更不要与他在封闭的环境里独处。

4. 家长要让女孩子学点防身术

女性的体力弱于男性，防身时要把握时机，出奇制胜，最好一招就能击中其要害部位。如果没有专业教练教孩子，家长也可以教孩子一些基本的防范动作，比如，用头去顶撞对方的肚子，用拳头打对方的鼻子，用手指攻击对方的眼睛，用肘朝对方的背部猛击，用膝盖对脸和腹股沟猛击，用脚前掌飞踢对方胫骨、膝盖和阴部等等。这样即使不能制服对方，也可制造逃离险境的机会。

四、如何面对性侵害的发生

1. 家长要告诉孩子，遭遇性侵害时要勇于反抗

很多悲剧的发生是因为孩子不敢反抗导致的。那些对孩子实施性侵害的人一般心理是比较脆弱的，在本质上是胆怯的。他们实施性侵害时，如果孩子拼命反抗，伴随着大喊大叫，他们的心理防线就会被击破，这就给孩子逃脱创造了机会。家长还应告诉孩子，在反抗的时候，要尽量保持头脑清醒。有些受害者反抗时没有章法，结果把自己的体力耗费尽了，反而给犯罪分子可乘之机。这种“绵羊”一样的反抗是没有意义的，要用“狼”一样的反抗方法，要瞅准时机，集中力量，一招重创对方，然后迅速脱身。有些情况下，反抗是无效的。这时要注意设法在案犯身上留下印记或痕迹，或者抓下案犯身上的某些东西，就算是指甲里留下的一些皮屑、毛发都好，以备在以后追查、辨认案犯时做证据。

2. 家长要教育孩子，遭遇性侵害后要勇于揭发

一些受害者碍于声誉，或者怕犯罪分子报复，不敢揭发。这反而纵容了犯罪分子，使更多的孩子受害。受害者应该学会用法律保护自己。在受到性侵害后，受害者应立即揭发对自己实施性侵害的不法分子。不要担心自己以后会被同学和朋友看不起。大家非但不会嘲笑你，还会认为你是英雄。对于那些无赖千万不能“私了”，“私了”的结果常会使他们得寸进尺。不管是为了保证日后的生活和学习，还是为了他人的安全，都要勇于揭发犯罪分子，一刻都不要迟疑。

3. 遭受性侵害后，家长要注意对孩子进行心理调适

受到性侵害的孩子往往情绪低落、焦虑、惊恐、烦躁，脑中不断重现当时的情景。他们不敢单独外出，不敢面对陌生人，不敢面对熟悉的人，也不敢回学校。她们在法律诉讼活动中也

会面临巨大的压力，因为要面临各种各样令人难堪的提问。这些心理上的痛苦又会加剧生理上的不适。比如，失眠、噩梦、阴部或相应生理器官不适等。有些孩子甚至由此开始自暴自弃、酗酒、吸毒、卖淫，甚至寻找机会报复所有的男性。家长要时刻保持理性，根据孩子的不同表现给予必要的心理疏导，严重时要及时向心理医生求救。

特别提示【提醒孩子何时何地有危险】

家长要告诉孩子，特别是女孩子，需要特别注意一下的时间和地点。

夏天是女孩子容易遭受性侵害的季节。高中女生的身体发育接近成熟，女性第二性征非常明显。夏天天气炎热，女孩子穿的衣服比较少，身体暴露的部分较多；而且大部分衣服比较薄，在撕扯的情况下容易破裂；有的女生穿的衣服还是半透明的，对异性的刺激较强。家长在孩子的穿衣打扮上要给予孩子指导。不要让孩子穿得过于暴露，不要打扮得过于花哨。高中时期以学习为主，要让孩子把注意力放在读书上，衣着朴素大方，其实也是一种美。

夜晚是女孩子容易遭受性侵害的时间。高中女生大部分是要上晚自习的，课间休息时有些女孩子去校园里走走，放松心情。这个时候切忌不要单独行动，因为夏季校园里的树木花草多，给不法分子提供了藏身之所，案发后也便于逃脱。在晚上放学的路上要更加小心，很多犯罪分子会趁着夜间光线暗淡作案。孩子们一般是骑自行车回家，要选择人多的路段走，而且不要走得太晚。可以三五成群地走，也可以让老师送一下，或者让家长来接。

公共场所是女孩子容易遭受性侵害的地方。影院、舞池、泳池、公交车上、广场上等公共场所人多拥挤，不法分子常乘机袭击女生。很多女生在影院出入场时有被袭胸、摸臀的遭遇，在拥挤的公交车上这种情况也时有发生。

僻静之处也是女孩子容易遭受性侵害的地方。校园树林里、公园假山、小巷子里、楼顶天台、没有路灯的街道、阴暗的楼道、尚未交付使用的新建筑物、无人居住的小屋、突然故障的电梯里等等都是不法分子作案的场所。家长要告诉孩子不要单独行走或逗留在上述这些地方。

【作业题】

1. 青春期教育都包括哪些内容?
2. 家长应如何对待孩子的异性交往问题?
3. 家长应如何帮助孩子远离性侵害?

第七章　和孩子一起经历高三

面对高考，没有家长不紧张。但是聪明的家长会把紧张化成动力，通过自己的努力来最大限度地帮助孩子。

家长要熟悉高考政策，然后和孩子一起寻找应对策略。比如军招条件、加分政策、免费师范生招收、艺术院校的录取规则等，应当针对孩子的具体情况，有目的地进行选择。

家长还要做好后勤保障工作，营造温馨的家庭氛围，合理搭配营养膳食，客观地看待孩子的每一次考试，帮助孩子做好考前的心理调试，让孩子自信满满地参加高考。

本章将告诉您，在高三这个关键阶段，家长该从哪些方面努力来帮助孩子顺利迎接高考。

第一节 熟悉高考政策，采取应对方法

一、不懂高考政策错失良机

刘海的女儿从小酷爱美术，而且特别向往军旅生活。刘海和妻子都是工薪阶层，平时花钱给女儿买各种画笔、颜料和给女儿交高昂的课时费就已经非常吃力了，因此，他们想让女儿报考解放军艺术学院。如果考上了，既符合女儿的心愿，也解决了他们供女儿上大学的压力。

刘海对高考政策不太了解，事先也没有跟学校里的老师说明报考方向。刘海让女儿参加了美术专业的省统考，想着只要通过省统考，填报志愿时就可以填报解放军艺术学院了。结果，后来一问老师才知道，解放军艺术学院属于教育部规定的31所独立设置的本科艺术院校，这些学校可自行划定录取分数线，考生只需参加学校自行组织的考试，而无须参加省统考。刘海的女儿错过了报考机会，只能填报承认省统考成绩的高校。

像刘海女儿这样错过考试机会的考生每年都不在少数，这缘于他们不懂高考政策。就拿报考艺术院校的考试来说吧，考生及其家长至少要吃透这些政策：第一，31所独立设置的本科艺术院校，考生只需参加其院校自行组织的专业考试而无须参加省统考，极少数专业特殊规定的除外；第二，凡报考普通高校（31所独立设置的本科艺术院校除外）按艺术类招生的音乐、美术、艺术设计、广播电视编导和表演等本科专业的考生，除参加招生高校自行组织的艺术专业考试外，还必须参加省统考，两次考试成绩合格后方能按照招生高校的录取规则参加录取；第三，省外高校艺术专业在省内设点考试的，只能在指定的考点进行，在其他任何一个考点获得的成绩都不予认可；第

四，艺术类专业合格线的划定与地域报考人数无关，而取决于报考考生成绩、招生总计划。

像刘海这样不懂得高考政策的父母非常多，他们甚至对一些高考术语都不太清楚。这样的父母是不合格的，应该努力改变。家有考生，父母必须熟悉本省的政策，熟悉招生政策，熟悉录取规则，应该把自己变成这方面的内行。

二、父母不能只管生活

大多考生的父母认为，自己能够做的就是保证孩子考试前后的饮食、睡眠等生活上的事。至于考试和报考学校的事，他们也不懂，也不想去了解，等着老师安排吧。

这样的想法是极其错误的。

老师在考试期间会非常忙，主要是忙学生们的学习。在最后的冲刺阶段，学生哪些地方需要补一下，哪些地方不需要再看了，哪些地方只翻一翻就行了，这些都需要老师去指导。不仅如此，老师还要对一些有心理负担的学生进行心理疏导，还要加强课堂、宿舍等日常管理工作。老师没有时间，也没有精力为每一个学生安排报考事宜。即便是老师可以照顾到某些同学，也不可能做到“量体裁衣”。学生很多，老师根本无法全面而准确地了解每一个学生的兴趣趋向和优势特长，更无法知晓每一个学生的理想和抱负。所以，老师的安排不一定好，有时候甚至是不对的。家长迷信老师，要么是傻，要么是懒。现在的家长，因为懒而导致傻的居多。他们不了解高考政策，比孩子还无知，跟孩子一起晕头转向，听天由命。到填报志愿的时候，“有病乱投医”，听人家怎么说就怎么做，或者不断地去打扰老师，老师心烦的情况下自然给不出什么好点子。求人不如求己，家长得明白这个道理。

家长正确的做法是自己去了解高考政策，然后拿着具体问题去问老师，或者拿出自己的想法跟老师交换意见。老师对学生的学习是了解的，他能分析出被录取的可能性有多大。根据老师的分析，家长可适时调整方案，以更加科学地指导孩子填报志愿。

三、跟孩子一起扫盲高考政策

李先生以前对高考一无所知，甚至都弄不清那些录取批次。现在女儿要考大学了，必须了解一下。他跟女儿一起，查阅了六个批次的录取程序和相关的政策规定。

首先是提前批：一般为军警类院校和教育部直属师范本科院校。第二是一本：一般为重点高校，也就是所谓的“名牌大学”。学校又可分为教育部直属和非直属院校。第三是二本：一般为一本和三本之外的本科院校。第四是三本：一般为民办高校、独立学院、普通高校的联办校。第五是专一：一般为普通本科院校高职、独立设置的普通高等专科学校。第六是专二：一般为含高职学院、民办高校、独立学院、普通高校的联办校及公办民助二级学院等。

李先生还了解到除了提前批，从本一批到专二批，其录取分数控制线依次降低。也就是说，你的分数达到了某一批次的最低录取控制线，你就可以参加该批次及以下批次的录取。

李先生了解的这部分内容是正确的，但还不够全面。

首先省招办将全省考生的成绩排名，根据当年的招生计划划定各个批次的录取分数控制线。于是就出现了批次的概念。除提前批外，批次越靠后，批次录取控制分数线会逐批降低。每一个批次可填写三到五个学校志愿，每一个学校又可以填写四个专业。关于填报志愿的指导，我们在后面章节中会有专门讲述。学校在录取的时候总是先录取第一志愿的学校和专业，在选择第一志愿的学生时，依然采取从高分到低分录取的原则。所以总的来说，高考的录取原则就是先分数后志愿，再分数，再志愿。

再简要讲讲录取程序。高校在省招办获取登录用户、密码等信息；根据招生计划提出调档比例；根据各学校的第一志愿生源情况进行预测，确定院校调档线；实施计算机自动投档；下载考生基础信息和电子档案；审阅考生电子档案；院校拟定预录取名单和退档名单；办理录检手续；打印录取新生名册。

高考政策扫盲还远不止这些，可以说这仅仅是很基础而且很不全面的了解。关于普通考生的基本常识，还有保送政策、加分政策、定向生政策、华侨和港澳台政策、民族政策、品德考核政策等等，家长可根据自己的需要到教育部考试中心或者其他考试信息网站上查询。

四、帮孩子敲开军校的大门

尹先生的儿子尹小刚从小就想参军，长大后立志考军校。尹先生为此查阅了所有有关军校的报考政策。首先，他了解了报考军校的条件：必须是年龄在20周岁以下的应届毕业生，对品德和身体要求很高。比如，男性身高不低于162厘米，女性身高不低于160厘米，对体重、视力也有规定。尹先生还了解到军官职业心理测试的情况，在考试前专门跟儿子一起研究过相关测试题。然后，在填报志愿时又查阅了很多相关资料，也咨询了一些指导过军校生填报志愿的老师。最后，小刚被顺利录取，实现了心愿。

尹先生真是个好爸爸，他为了帮儿子实现理想，把能考虑到的全考虑到了，而且全部做好相应的准备。

军校报名时间一般与普通高等学校同步，有的是考前报名，有的是考后估分报名，有的是出了成绩后报名。

军校招生实行提前单独录取。省招办从政治考核、面试和体检合格的考生中，区分男、女生，按院校招生专业计划数的120％投档，院校招生办公室按专业计划数从高分到低分依次确定录取对象。分数相同的情况下优先录取相关学科成绩好的考生。未被军队院校录取的考生继续参加普通高等学校的录取。

在报考专业时，考生应特别注意该专业对身体条件、学科成绩等方面的特殊要求。某些特殊专业，考生可能是闻所未闻的，这就要在填报之前，家长与考生一起多查阅一些资料，不要望文生义。

关于军校的招生政策还有很多，比如国防生的相关政策、空军招飞流程、空乘类专业招生流程等等。

五、让孩子当个免费师范生

李杰来自鲁南山区，家境贫寒。他从小很喜欢教师行业，立志长大后当一名老师，给家乡的孩子们送去知识和希望。李杰的学习成绩非常好，老师说他考个名牌大学没有问题。刚上高三时，李杰的父亲找李杰谈话，问他打算考什么学校。李杰说现在国家有免费师范生的政策。父亲听了很高兴，建议李杰报考。2008 年的高考中，李杰发挥出色。分数出来后，他报考了北京师范大学，后被顺利录取。

现在，教师被公认为好职业。当老师工作稳定，收入较高，而且工作体面，受人尊重。越来越多的家长和考生倾向于报考师范专业，特别是国家政策规定部分师范大学的师范生是免费的。

这些实行师范生免费教育的院校是教育部直属的六所大学，分别是北京师范大学、华东师范大学、东北师范大学、华中师范大学、陕西师范大学和西南大学。

这类师范生是提前批次录取的，不影响普通高校的录取。免费教育师范生在校学习期间的学费、住宿费免缴，学校还要补助生活费，这些经费均由中央财政安排。有志于从教并符合条件的非师范专业优秀学生，在入学 2 年内，可在教育部和学校核定的计划内转入师范专业，并由学校按标准返还学费、住宿费，补发生活费补助。免费师范生可按照学校规定在师范专业范围内进行二次专业选择。需要强调的是，各高校都针对免费师范生建立了淘汰机制，校方认为不适合当老师的学生将被取消资格。免费师范生毕业后，必须从事教育工作10年以上。

六所部属大学收招的免费师范生与特困生并不是画等号的，招收免费师范生是为了吸引优秀的学生从事基础教育工作。当然，这对学习优秀又热爱教育的特困生来说无疑是天赐良机。但考不上这六所大学的考生也不要灰心，因为其他师范院校还会对你敞开大门。其他师范院校虽然不是免费的，但相对于其他普通高校来说，收费也是偏低的，而且毕业后工作也好找。所以，考得不太好的考生同样可以实现当老师的梦想。

特别提示【哪些考生可降分录取】

下列情形之一的应届毕业考生可适当降低分数要求：高中阶段受地区级以上表彰的三好学生或优秀学生干部；政治思想品德方面有突出事迹；相关科目或平时成绩特别优秀；省级以上科技发明创造奖获得者或单科竞赛优胜者，在录取时可适当降低分数要求，择优录取；边疆、山区、牧区、少数民族聚居地区的少数民族考生；归侨、华侨子女和台湾省籍考生；荣立二等功以上的退役军人、烈士子女；实践经验丰富的优秀青年及有特殊贡献的公民。

第二节 营造适合孩子高考的家庭环境

一、一家人如临大敌

离高考还有三个多月，老张一家就如热锅上的蚂蚁了。张弛一个人考试，一家人跟着着急。用张弛爸爸的话说，就是“准备这一天都准备了18年了”。哦！看来，他从儿子出生那天起就盼着儿子考大学了。

张爸爸每天下班后第一件事就是开车去学校门口接张弛。以前，张弛每天放学都是自己骑车回家的。但现在不是快考试了吗？不能有半点闪失！何况其他家长也这样做呢！

张妈妈每天琢磨着给儿子做好吃的，保证可口、有营养，还得健脑、补气补血。张弛吃的饭跟爸妈的是分开的，他吃的那是考生饭。

以前，张妈妈晚上喜欢看电视剧，现在连电视都不敢开。张爸爸以前晚饭后喜欢拉上一段二胡，现在，二胡早已束之高阁。晚饭过后，全家人都静悄悄的。张弛说，家里静得有点可怕，他的耳朵里除了钟表的走针声，就是自己的心跳声。

这样做父母也真够辛苦的，这样做孩子也真够难受的，都是高考惹的祸。

很多家长说，孩子考试，当家长的比孩子还紧张，担心孩子吃，担心孩子睡，还担心孩子情绪上的波动和心态上的变化。越紧张，就越不知道该怎么做，弄得手忙脚乱的。像张弛的父母就是过度紧张了，把家庭环境弄得跟大战之前一样，安静得令人窒息。殊不知这种窒息的安静对孩子反而是一种伤害，加重了孩子的负担，反而让孩子吃不好，睡不安。

据张弛的爸爸反映，他的那些有孩子要参加高考的同事们都是这样做的，毕竟现在大多只有一个孩子，高考对孩子来说，一生可能也就经历这么一次。

二、过度紧张或者不管不问

家有考生的家长，多数像张弛的家长一样，如临大敌，全家紧张。这当然是不对的。很多时候，孩子的紧张是父母给的，或者是紧张的家庭环境带来的。每天，孩子在学校里瞅着高考倒计时牌拼命复习，神经紧绷地做最后冲刺。回家之后，孩子的“发条”本来可以松一下，结果又被父母上得紧紧的。长期处于这种有形和无形的压力下高负荷地运转，机器都受不了，何况是人呢？

也有一些家长跟张弛的家长正好相反，他们知道过多的压力会影响孩子的备考，因此对孩子的学习采取的是不管不问的态度。这样的家长，平时在家怎样就怎样，该打麻将的时候打麻将，该看电视的时候看电视，吵架的时候也不避开孩子。在这种家庭里的考生，当然不会有很多压力，但是动力也会随之不足。他们觉得父母不关心他们，连他们一生中最重要的一次考试都这么不管不问，是不是不爱他们呢？看看人家的父母，多紧张啊！这还只是心理上的落差，这种不管不问给孩子带来的不利还更多地表现在实际伤害上，比如孩子需要安静地看书时，客厅里是父母看电视或者搓麻将的吵闹声；孩子累了想吃点好吃的东西时，厨房里是空锅冷灶；孩子兴奋地想跟父母分享模拟考的成绩时，父母好像并不在意。当然，面对这样的家长，那些本来就不上进，学习一般的孩子，在这个时候，就更加破罐子破摔了。

所以，过度紧张和不管不问都是不可取的。家有考生，就是与没有考生不一样，首先不应该有的做法就是不管不问。家长要积极地面对孩子的高考，要充当孩子的参谋，鼓励孩子刻苦复习，勇敢挑战自我，战胜自我。但又不能过度紧张，乱了方寸。家长要保持清醒的头脑，营造一个宽松的家庭环境，帮助孩子减压，走上适度从紧的考前备战之路。

三、肖家的“三板斧”

肖先生的儿子正读高三，他给孩子创设了一个良好的家庭环境，靠的是三招。

首先，他谢绝了一些客人的来访。肖先生是个爱交朋友的人，各行各业的朋友都有，以前来访的客人不断，很热闹。自从儿子上了高三，肖先生就开始逐渐减少了客人来访量，他总是告诉朋友们有事出去谈，不要在家打扰孩子。

其次，他和爱人也在逐渐减少外出。他和爱人都喜欢交际，以前每天晚饭后，如果没有客人来访，他们都去会朋友，时常到午夜才回来。近来，随着儿子大考的临近，他们晚上不再外出了，以免把儿子一个人丢在家里，产生无助感。

第三招是在家不看电视剧。肖先生和爱人都是电视剧迷，一部电视剧，只要他们看了第一集，就想一路追下去看。儿子长期受他们的影响，也经常跟着看。有时候，儿子作业多，不得不回到自己的房间做作业，但是他会过个十几分钟就借故出来一趟，蹭电视看，你不赶他，他就不走。现在读高三了，肖先生和爱人每天看完新闻就关电视，然后每人拿本书来看。连儿子也说，大家都不看电视，都在学习，这样真公平！

肖家的这“三板斧”虽然简单，但很有效。下面说说肖家做了，但没做足的部分。

肖先生在孩子备考的时候有意识地减少了家庭访客的人数和亲友来访的次数，这是很好的。但有些时候无法避免，因为有些客人是很重要的。那么，你就应当想办法把客人来访对孩子的影响降到最低。有些客人出于关心，会对孩子问这问那。这个时期的孩子学习压力大，一听到复习和考试就头大，更不愿意听太多的说教。所以，你可以事先要求来访者少谈有关高考及考生情况的内容。

这段时间，家长尽量减少外出是对的。孩子饿了，你可以给他做点东西吃。渴了，给他一杯热牛奶。但有些家长是不得不外出的，还有的直接就是上夜班的。我们建议，父母双方尽量不要同时外出，如果实在没办法，也要在走之前把孩子需要的东西准备好，办完事后及时回家，不要在外磨蹭。

最后就是家长要克服自己的不良习惯了。像肖先生和老婆就克服了看电视剧的毛病，还有些家长喜欢打麻将，这个习惯也要克服。值得重点强调的是，很多男性家长喜欢看球赛，看起来还会弄出很大的动静来。我们建议家有考生的家长不要在家里看球赛，可以出去看，或者改看报刊。

四、从战争到和平

周先生和老婆都是急脾气，经常因为一点小事吵架，搞得家里“战事”不断。但自从女儿小莹上了高三，周家的争吵声少了。到了高三下学期，周先生和老婆连一些口角都没有了。

周先生说，这都是拜小莹所赐。小莹得了他们夫妻的“真传”，也是个急脾气，倔得很，是家里的小牛，“就差头上没有两只角了”。一遇到父母吵架，小莹比父母还凶。她不仅会放下手中的书，还会摔东西，连自己的文具盒都摔。可以这么说，如果高考前，周先生再和老婆吵架，小莹真敢一气之下，把准考证撕掉！鉴于这样的原因，周先生在女儿高三开学那一天，就跟老婆立了字据，相约“休战”一年。在这一年里，无论遇到什么情况，都要尽量克制，不要在家里吵架，更不能当着女儿的面吵。

小莹从父母的这个做法中体会到了那份深沉的爱。当她看到那个字据时，感动得哭了。她从来都是对父母大喊大叫，现在她像变了个人似的，脾气好了很多，也知道体贴人了。她说，高三是可怕的，但带来了全家人的和平，也是可爱的。

这个家庭是可爱的，也是可笑的。可笑之处在于解决家庭矛盾的方式，不是因为家庭成员之间的心灵实现了沟通，心意达到了默契，而是因为高考。高考的威力实在是太大了，它居然能威慑一个家庭一年的生活。还好，这种威慑对于这个家庭来说，是正向度的。正是因为这个正向度，才使得这个家庭可爱起来。

孩子在紧张地复习时，最烦的就是不和谐之音，最怕的就是父母吵架。父母吵架会让孩子觉得他们全家的统一战线破裂了，孩子会产生一种很强的无助感。有些孩子会拍案而起，像周家的“牛”女儿一样；有些孩子会消极避让，自己躲在角落里伤心；还有的装做听不见，但装毕竟是装，心里的平衡还是被打破了。所以，无论是对于哪种孩子，父母吵架都是非常不好的，都是应该杜绝的。

有人会说，家家有本难念的经，你以为吵架是想吵就吵，想不吵就不吵的吗？这也是事实，吵架往往都是突如其来的，爆发性的。我们前面要求家长做的是控制吵架的源头，尽量不要吵起来。但如果真的吵起来了，我们就要求家长转换吵架的后果，想办法把对孩子的影响降到最低。

五、家长要学会倾听

刘建英在为儿子营造一个好的家庭环境上有出色的一招，那就是倾听。

儿子是个内向的孩子，遇事习惯于憋在心里，但儿子却把妈妈当成知心朋友，什么事都喜欢跟妈妈说。这得益于刘建英从儿子小时候就有意识地做他的倾听者，做儿子的朋友。现在，儿子读高三了，压力很大。开学前的一天，刘建英见儿子闷闷不乐。她知道儿子有话要说，就在儿子身边象征性地做些事情，等待儿子说话。过了好久，儿子终于开口了，他说他怕上高三，望着高三就发怵。刘建英说，那就把你担心的说出来吧。儿子说，他怕大家都拼命学习，他拼不过人家；他怕自己会生病，落下了就跟不上了；他还怕一场接着一场的模拟考，考不好了会丧失信心，等等。儿子一口气把害怕的事都说出来了，说完了，他突然觉得放松了很多。刘建英什么都没有说，她只是在静静地听儿子说，然后抱以理解和同情的神情。

此后的日子里，儿子每天回来，都会跟刘建英说一大堆学习上的事。无论多么忙，刘建英都停下手中的工作，耐心地听儿子讲完。不仅如此，刘建英还让丈夫也这样做。很多时候，他们夫妻俩就是坐在沙发里听儿子说话。这样一来，儿子每天都是轻装上阵，学习稳中有升。

刘建英的做法是智慧的，是无为而治，什么都没做，却把什么都做好了。这就是倾听的力量。很多问题并不需要立即解决，孩子也并没有指望你去解决他的问题，他们只要有个听众就可以了，问题也会在倾听中自然而解。高三的学生个个都像是充满了气的皮球，憋涨得很，需要释放。只有释放出来了，才有空间装新的东西。所以，家长扮演倾听者角色实际上是帮孩子倾倒情绪上的垃圾，间接帮孩子装入了新内容。

除了倾听，家长还应该做一些更积极的事。

有些孩子天生胆怯，那么他倾诉过后，有时候会认同自己的负面情绪，产生过度紧张、自卑甚至破罐子破摔的心理。对于这样的孩子，家长不仅要做个倾听者，还要做个吹鼓手，给孩子打气，帮孩子建立自信。

有些孩子傲气太盛，盲目自大。他们往往报喜不报忧，喜欢在家长面前堆积起一个庞大的海市蜃楼。他们的干劲十足，但很容易跌入自己给自己制造的陷阱中。对于这样的孩子，家长除了要当好一个倾听者，还要做个清洁工，帮孩子除掉意念里的垃圾，让孩子保持清醒的头脑，必要时可以泼泼冷水。

还有一些孩子近乎完美，学习好，心态也好，没有任何问题。对于这样的孩子，家长就要引导他们去帮助身边的同学，让孩子明白帮助别人的同时也检验了自己的知识。家长不仅要鼓励孩子这样去做，还要给孩子讲出来的机会，及时肯定孩子的做法，让孩子的爱心持续下去。

特别提示【奖励应在考试后】

有些家长问，在孩子高考之前给予一些承诺，比如，如果考得好，可以带他去国外旅游啦，或者买个笔记本电脑给他啦，或者直接给多少钱啦什么的，是不是能够激励孩子的斗志，对促进他们努力备考有用呢？

我们的意见是万万不要这样做。高考是孩子人生中最重要的关口之一，是他长这么大所面临的最大的一次考验，是自己给自己一个交代的时候，也是价值自我实现的绝佳时机，是不可能靠外力来达成的。家长应该让孩子明白这个道理，鼓励孩子做一回自己心目中的英雄。这个时候，家长的任何承诺都是愚蠢的，是对孩子自我价值的损害，也是一种人格的侮辱。所以，家长万不可做这样的傻事。

但要不要奖励呢？当然要，而且也是必要的。但要在考试后。孩子取得了令人满意的成绩，你完全可以大施奖励。那个时候的奖励，才能带来孩子最真心的笑容。

第三节　合理膳食保证孩子的身体健康

一、考前大补不明智

临近高考，各种保健品纷纷上市。有的说吃了可以增强记忆力，有的说喝了可以提高智力。

这些广告，李惠玲都不太相信。她自认为自己对这些东西是有“免疫力”的，不会轻易上当。但是，她只对这些产品有疑心，而对考前进补却大为赞同。她说，比如游泳，吃了饭游就是比空腹游好。所以，考试前给孩子进补一下，是必要的，可以帮助孩子达到最好的状态，正常发挥，甚至超水平发挥。

为了给孩子进补，李惠玲看了很多关于考生进补方面的书。最后，她买了一大堆保健的产品，每次吃完饭后都让孩子吃下一大把“药片”。

李惠玲很聪明，但聪明过头了。像她这样的自认为聪明的家长还有很多，他们虽然不会被小商小贩们欺骗，但也顽固地认为服用保健品是补充营养的最佳途径。我们在本书的第二章第三节已经说过，一些家长从孩子上高中起就吃保健品。到了高三，这些家长更是“变本加厉”，恨不能吃下去就立竿见影。

保健品本身是好东西，我们不能一提到给孩子吃保健品就觉得那是愚蠢的。但如果对保健品有了依赖，认为那是万能的，那就错了。保健品的功效是因人而异的，并不适合所有的考生。如果考生不吸收、不适应的话，不仅帮不到考生，还会导致腹泻、上火、过敏等症状。当然，有些考生身体较弱，临近大考，精神又高度紧张，需要进补。但至于怎样进补，家长得带着孩子去医院的营养科做个咨询，听听医生怎么说。

二、大鱼大肉就是大补吗

对于家有考生的家长来说，不少人普遍存在着一些认识上的误区。有的家长认为大鱼大肉就是营养丰富，有的家长觉得吃饱吃好就是营养科学，结果给孩子吃的油脂食品过多。这种情况在农村更为普遍。农村的孩子一般一周才回一次家，每次也就一个下午和晚上。父母觉得孩子在学校吃不好，就拼命地给孩子吃肉，或者大量地给孩子吃花生以补油。结果，孩子第二天回到学校后，就会产生腹泻、头晕等症状。城里的孩子则由于麦当劳、肯德基吃得太多，也存在着油脂过多的现象，导致大脑迟钝，思维不敏捷。

孩子考前吃的东西清淡一些，低脂一些才是正确之道。大脑消耗的能量主要是糖类，脂肪过多不但不补脑，反而会跟脑部抢血液供应量。脂肪过多、糖分较少则会出现血糖情况，严重影响大脑的工作效率。

有些家长喜欢在大考前夕为孩子准备特别的饭菜，可能是孩子以前喜欢吃的。孩子喜欢吃的东西很多，你一下子都给他做出来，当然是一种爱，但却是很不恰当的。这样的话，孩子的肠胃受不了，可能会被撑得拉肚子。所以，考前大换食谱是考生饮食的大忌，会严重影响考生的临战状态。所以，即使是到了大考前夕，家长也要安排日常饮食。尤其是考前三天，家长不要给孩子吃一些不熟悉的或不经常吃的食品。

三、早餐要吃而且要吃好

李先生虽是个大男人，但他却非常细心，在照顾孩子上堪称专家了。就拿早餐来说，他指导即将面临高考的孩子就有自己的一套。

孩子早上总是不乐意吃东西，他采取的方法是“宁可不吃，不可不喝”。没有胃口吃东西，喝东西总可以吧？当然必须是在的确吃不下东西，或者的确在赶时间时。出门前，必须喝些纯牛奶、不加糖的豆浆或稀饭。

如果时间充裕，孩子又想吃早餐，他就会给孩子安排一顿早餐。他给孩子安排的营养结构以淀粉为主，再添些蛋白质。他还特意让孩子多吃点水果，比如橘子、草莓、西红柿等，并且安排在喝东西之后，吃东西之前吃，不要等到很饱时再吃。

吃了水果之后就可以吃饭了，早餐不能吃得太油腻，油腻的东西会加重肠胃负担，导致脑供血不足，使早晨的前二节课不能集中注意力。李先生的孩子肠胃从小就不好，他对此特别慎重。

李先生做得一点都没错，是家长们学习的榜样。

家长要想办法让孩子吃早餐。早餐能量占全天总能量的三成。如果空腹，大脑能量供给不足，很容易发生低血糖晕厥现象。

由于起得早，很多孩子没有食欲，有一些孩子居然高中三年从没有吃过早餐。针对这种情况，家长准备什么样的早餐就特别重要了。

美国的家长要求孩子早上喝一杯牛奶、一杯橙汁，吃一个鸡蛋、一片火腿和两片面包。中国的北方人习惯喝豆浆，吃油条；南方人则喜欢喝豆浆，吃米粉。喝豆浆是科学的，因为东方人对豆类饮料比牛奶吸收得好。北方人吃油条则并不科学，至少考生不要吃。南方人吃米粉很好，但有些南方人早上吃下大量甜的东西，则是不科学的。

我们建议早上起来第一件事是喝一杯加了少许盐的温开水，有条件的可以再喝一杯牛奶和豆浆，吃的东西可以是面包、馒头、鸡蛋、牛奶、果酱、豆浆、面条、荷包蛋、火腿肠等体积小、热量高又易于消化吸收的食物。如果孩子实在吃不下，那就学学李先生，让他喝杯牛奶再走，走的时候可以往他的书包里塞块面包，塞个鸡蛋什么的。

四、午餐吃饱而且要小睡

蔡国瑞的女儿长得很苗条，自己也爱美。从高一开始，她就有意识地节食，有时候她中午就吃两根黄瓜和一点水果。进入高三，她还是这样，都形成习惯了。蔡国瑞以前不怎么在意这件事，他甚至也觉得女孩子爱美很正常。但是女儿上高三后，学习紧张了，身体明显吃不消了。到了高三第二个学期，同学们都在拼命冲刺，女儿则小病不断，身体消瘦得很厉害。蔡国瑞觉得再也不能任由女儿自己了，他要进行“行政”干预。

他首先要求女儿每天都要吃午餐，而且要吃饱，还要吃肉。女儿最怕吃肉了，蔡国瑞就让她吃点瘦肉。蔡国瑞告诉妻子，只要女儿回家吃饭，至少要保证一个荤菜和两个素菜。如果不能回家吃午饭，那么他就要求女儿吃含肉或蛋、又含蔬菜的食品，而且一再嘱咐要吃饱。他还特别嘱咐女儿，饭后一定要午睡半小时。午睡不宜过长，最长不能多于1小时，过长了容易使人精神萎靡。

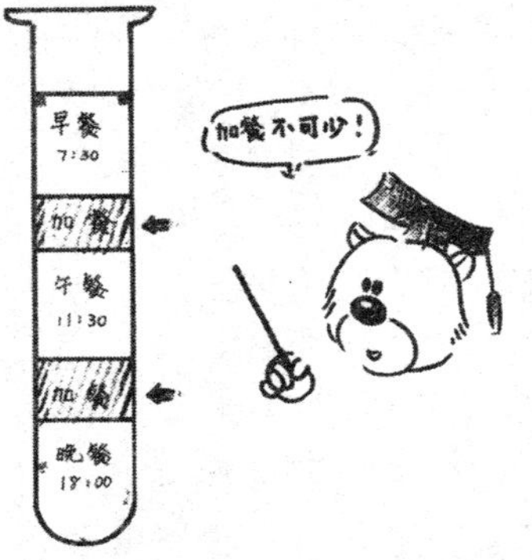

蔡国瑞算是亡羊补牢了，但为时不晚。如果你也有一个这样爱美的女儿，也遇到这种情况，我们建议你也尽快亡羊补牢，再晚了可就真的来不及了。

午餐是一天中的主餐，各种营养素含量一般占全天供给量的四成左右。上午消耗的热量是一天中最多的，特别是对于学习紧张的高三学生来说，到了中午，学生们体内的热量和各种营养素消耗很大，午餐应该吃饱吃好。可吃些肉类、鸡蛋等含能量较高的食品，它能为午后进行紧张的学习备好充足的弹药。像蔡国瑞那样，每天中午要求女儿吃些肉是对的，肉类含有充足的热量和各种营养素。但肉吃多了也不行，要搭配合理，有干有稀，否则不利于消化，影响下午的学习。

我们建议家长在给孩子准备午餐时，要尽量将饭菜搞得丰盛一些。孩子的主食要吃到180克左右，还要吃较多的蔬菜和水果，多喝水。南方人有喝汤的习惯，这个非常好，建议北方人也这么学。我们推荐几种汤，比如海带排骨汤、紫菜汤、海米菜叶汤、豌豆汤、莲子银耳汤等，这些汤简单易做，物美价廉。其他菜也推荐一些，比如，糖醋带鱼、炒素菜、猪肝肉片、西芹虾仁、土豆牛肉片、菜花香菇等等。

五、晚上少吃但要吃两餐

陈帆和妻子有吃宵夜的习惯，但每次都吃不少，结果体形发胖。为了让女儿有个好身材，他们从女儿上中学开始就严禁女儿再跟着他们吃宵夜。但是，女儿读到高三，陈帆觉得应该改一下了，允许女儿适量地吃宵夜，以吃蔬菜和水果为主。这是因为女儿的晚饭吃得较早，下午5点半就吃饭了，但要学习到晚上11点。这期间消耗的能量不亚于上午，而且晚上安静，学习效率更高，用脑更大。再说了，女儿的身材偏瘦，短时间内也胖不起来。

陈帆变换策略显得很有智慧，也是对女儿的情况非常了解的表现。高三学生晚上都要加班学习，吃宵夜是科学的。但这里面也有学问。宵夜不能过量，也不能吃油腻的食品，不要吃肉，否则不仅会影响学习效果，而且会影响睡眠质量。我们建议家长向陈帆学习，让孩子多吃蔬菜和水果。营养专家说，晚上吃点酸甜的水果，可使那些因疲倦而被抑制的神经得到良性的刺激，使人的精神好一些，还可以继续学习一段时间。

下面，我们再说说晚餐怎么吃。

中国人特别看重晚餐，荤多素少，而且偏重某一两种主食，很多北方人只吃馒头，很多南方人只吃米饭。我们建议改变这种习惯，特别是对于那些家有考生的家长。晚餐应以谷类食物和蔬菜为主，以便补充维生素C、胡萝卜素等营养素和膳食纤维。饭菜的口味要清淡，不要放太多油盐。饭菜以容易消化的为主，有利于抗疲劳和养神醒脑。下面是我们推荐的一些菜，比如，豆豉炒豆腐、肉末豆腐、青椒土豆丝、皮蛋拌豆腐、洋葱爆猪肉、西红柿炒鸡蛋、拌海蜇丝等。

特别提示【这些食物对备考有利】

高考期间的孩子用脑过度，休息又不太好，身体免疫力差。我们咨询过专业营养师，推荐下列几种食物，供家长参考。

1. 葱和蒜。葱和蒜具有杀菌、消炎的功效，还可抑制各种真菌、细菌和原虫感染，提高孩子的免疫力。专家还说，常吃葱和蒜能补脑。我们建议家长多劝孩子吃葱和蒜。有人说吃了会有口气，见人不敢张嘴。专家提醒，吃了葱和蒜后，要喝茶，或者口嚼茶叶，可有效除口气。

2. 大豆及其制品。大豆富含大豆球蛋白（一种优质的植物蛋白质），还含有丰富的氨基酸和磷脂，营养价值高，能增强脑血管机能。我们建议家长给考生做菜时，一定要用大豆油，而且多给考生做豆腐吃，多喝豆浆。

3. 核桃。核桃具有补气养血、温肺通便、镇咳化痰、润肌乌发等功效，是对体质虚弱和神经衰弱综合征进行食补的佳品。

4. 龙眼。龙眼具有益心脾、补气血、安心神等功能，是滋补良药。家长可以到商场买一些直接可以食用的龙眼干，放在孩子的书包里，让孩子想吃了就吃几颗。

5. 红枣。红枣富含葡萄糖、蔗糖、维生素 C、P，还含有丰富的蛋白质、微量元素和其他营养成分。家长可以经常给考生用红枣煲汤，这种食品在南方很流行，建议北方的家长也试一下。

6. 芝麻。芝麻含有丰富的蛋白质，脂肪和机体必需的脂肪酸、亚麻酸。此外，芝麻还富含钙、磷和维生素 B。北方人喜欢吃芝麻饼，喝芝麻糊，是好习惯。

第四节　正确对待孩子平时的考试成绩

一、他考完试就跑了

秋波女士的儿子刘洋在一次月考后没有回家。

刘洋是个很优秀的高二学生，无论大考，还是小考他总能保持在班里的前三名。他还是一个作文高手，作文拿满分是常有的事，还在各种作文大赛上屡屡获奖。他曾很自信地说，天下没有他写不好的作文。他看作文题目，就像是庖丁看牛一样，一眼就能看穿其中的文理，然后果断动手，游刃有余。

然而，这次月考，刘洋却感觉跑题了。

他本想着来点创新，于是剑走偏锋。但在最佳火候的时候没有即时收回来，结果作文成了一匹脱缰的野马，一路下去，毫无章法。刘洋打从开始写作文时就痛恨“流水账”，觉得那是最大的耻辱，没想到这次自己，居然写了一篇流水账。丢死人了！

刘洋觉得丢死人了，这一点都不夸张。这得从他的父母那里找原因。他的妈妈秋波女士是报社的编辑，他的爸爸是市宣传部的，都是吃文字饭的。每次考试，刘洋的作文都会被拿到报纸上发表。妈妈还给他加上点评，就像是给一个漂亮的姑娘穿上了花衣服，那风光！但是秋波是个很严谨的编辑，如果刘洋的作文写得不好，她也会指出来。如果这次考试后，妈妈把他的作文拿出来当反面例子说，让全市的学生都知道他刘洋跑了题，那是怎样的耻辱啊！

这次作文没写好影响了心情，其他科目也考得糊里糊涂，估计都不会拿高分。这如何是好？平时都是前三名，这次恐怕要倒数了。得不到爸妈的奖励是小，丢面子是大啊！而且父母是最看重成绩的，这次考砸了，还不知道会受到什么惩罚呢！这样想着，刘洋越来越害怕，干脆逃吧！于是，出了考场，他留了个字条，就走了。

字条是这样写的：我作文跑题了，我也干脆跑了吧。

秋波女士讲这个故事时，儿子刘洋已经找到了，是在郊外一段废弃的水泥管里找到的。当警察找到他时，他正趴在地上写作文，还是写那篇他认为跑了题的作文。当他回到学校，看到自己的成绩时，禁不住大叫起来。他看到了什么？他看到自己的作文拿了满分，他的成绩在全班名列第一。语文老师说，他的作文写得很大胆，很有创新意识。

二、成绩第一或者忽视成绩

在对待孩子平时的考试成绩时，家长们往往会陷入两个误区：一是把成绩看得比天还大，如果考不好就像到了世界末日似的；二是不关心孩子的成绩，觉得只要是高考时考好就可以了，平时不需要注意。

把孩子平时考试成绩看得过重的家长占多数，他们总以为考试是对孩子近期学习的总检验，是学习成效好坏的最全面的反映，所以总是给孩子很大的压力。孩子们觉得每次考试都如临大敌，如果考不好，就等于对最近的学习宣判了死刑，一棍子打死了；而如果考好了，也不开心，因为考得越好，压力就越大，这好比跳高运动员，下次一定要比这次跳得更高才行。说来说去，在这种思维统治下的家长，永远都不会满足。孩子呢？也永远都背负着包袱，考试之路漫漫且修远，看不到尽头。

也有一部分家长对孩子平时的考试不管不问。这里面也有一些不同的情况，比如，有的家长是管不了孩子，因为孩子大了，小时候都管不了，何况如今都是高中生了。这些孩子往往是班上学习差的学生，整天调皮捣蛋，跟社会上的不良青年混在一起，或者跟异性谈恋爱。这样的孩子，在以后可能会走上邪路。还有的家长是觉得没有必要管，因为自己的孩子非常听话，自己能够约束自己。这样的孩子往往很内向，很敏感，自己对自己的要求高，用不着家长和老师的批评，并且很多情况下批评对他们来说是起反作用的。他们的学习成绩也不是很好，但是很努力。对于这类孩子，家长对他平时的成绩不管不问，久而久之，大部分会滑落到成绩差的学生行列，一小部分会上升，但不会成为尖子生。还有一部分家长觉得自己的孩子学习好，不需要问考试成绩。这类孩子是优等生，考试根本用不着担心。但是，这类学生也有自己的短板，那就是很脆弱，是很难去面对现实。如果一次考试偶尔考砸了，他们会不相信那是真的。如果家长不关心，那么他们也不说，就可能蒙骗过去。一次可以蒙骗，两次可以蒙骗，渐渐地会形成习惯，对他们的长远发展不利。

三、家长是孩子的分析师

平时考试是对学习的检验，不一定全面反映学习情况，但有很好的参考价值。所以，家长不应过于看重平时的考试成绩，但也不要不管不问。如果考好了，家长应该帮孩子分析一下为什么考得好，哪些优势要保持下去。如果考砸了，家长要帮助孩子找出失败的原因，研究应对的方法，不要第二次犯同样的错误。

1. 让失败孕育成功

何文栋的儿子何小轩平时考试在班里都是第二名，对于他来说，考第三名就意味着失败。有一次，小轩真的考了第三名。他很怕爸爸惩罚他，决定撒个谎。

当何文栋问何小轩考得怎么样时，小轩怕说多了会露馅，于是匆匆地说："跟上次一样。"说完，何小轩就躲进了自己的房间。何文栋见儿子神色慌张，就知道了个大概。他给儿子的班主任打了电话，知道儿子考了第三名。他决定跟儿子好好谈谈。

晚饭时，何小轩匆匆吃了几口就想溜。何文栋叫住儿子，跟他说："我们还没有庆祝你的考试胜利呢！"小轩红了脸，说："哪有胜利啊！"何文栋说："在爸爸看来，考个第三名也是成功啊！因为你已经尽力做到了最小的退步。"小轩挠了挠后脑勺，不好意思地说："原来您都知道了，我不但没有进步，反而连第二名也没保住。”何文栋说：“那你也没有退步到第五名啊！比如在战场上，你虽然没有保住自己的阵地，但也没有大范围溃退，这就是胜利！”何小轩说：“这也叫胜利啊?”何文栋说：“因为你感到压力了，这就达到了考试的目的。相信下次考试，你一定会收复失地。哀兵必胜！下次，你一定成功！”

两个月后的期末考试，何小轩考了全班第一，打了个漂亮的翻身仗。

一直考第二名的孩子，退步了，而且不是大范围退步，这是危险的。如果从第二名一下子掉到了十名以后，甚至到了倒数的位置，当爸爸的还可以安慰儿子说那是意外，或者能够帮助儿子找出成绩退步的原因。这种原因是很好找的，因为它导致了很明显的退步。但是考了第三名就难办了，因为从实力上来说，儿子根本没有退步，也就根本找不到原因。可是，站在儿子角度考虑，他以为自己是退步了，这对他的信心是很大的打击，而且还无法找到安慰他的说得过去的理由。所以，这次失败是战略上的，比实际上的退步破坏力更大。显然，这次失败重创了何小轩，他甚至撒了谎。何文栋说，当他得知儿子撒了谎时，他非常气愤，因为他最讨厌撒谎的人。但换位思考，他还是很同情儿子。问题总要解决，于是，他经过深思熟虑之后，跟儿子说了上面的话。

2. 从胜利走向胜利

杨慧平很了解自己的儿子万子川。她说：“子川天资聪慧，又从小养成了良好的学习习惯，他的人生中很少有失败。如果有失败，就一定败在骄傲自满上。”

万子川从刚上学开始就每次考试都考全班第一，无论大考还是小考，他在一个群体里从没有对手。不是他天生就这么稳，他一直这么稳，一是因为他刻苦好学，二是因为他有一个特了解他的妈妈。

杨慧平说，不知道别人家的孩子怎样，反正自己的孩子是这样的，特不适合对他进行“赏识教育”，你要永远给他找缺点，找到了缺点，他就有发展空间了。所以，对待平时的考试，杨慧平惯用的招数就是死抠儿子的错误处，狠狠地说这错误犯得低级，犯得冤枉，下次如果再犯那是不可饶恕的。其实，那些错误就不值得一提，谁不犯错啊！但真的有时儿子各科都考了满分，没得错犯了吧？别急，杨慧平会拿儿子的书写说事，跟他说，虽然得了满分，但书写太差，如果遇上高考，肯定扣分。

很多人说，儿子都那么优秀了，干吗还这么死抠他平时的小考？杨慧平说，那你是不了解子川。每个孩子都有自己一生中克服不了的弱点，你只要认准了，稍微努力一下，就可四两拨千斤，帮他从胜利走向胜利。如果一放松，就会一退千里，不可收拾。

这个例子当然不能拿来让大部分人仿效，大部分也仿效不了，这是对特殊的孩子下的特殊的药方。笔者举这个例子的目的是告诉大家，每个孩子都是世界上独一无二的，做父母的不要企图讨教什么现成的方法去套。但有个道理，是所有父母都可参考的，那就是：对于那些优秀的孩子，那些天赋天生就高的孩子，是不可一味赞赏的。因为每个孩子都不是完美的，孩子的弱点父母是最清楚的，那些弱点可能是日后导致他失败的主因。所以，看准了他的弱点，有意识地去提醒孩子，特别是孩子渐渐地长大，接近成年，或者貌似成年的时候，也就是本书所说的高中时代，更应当让他有意无意地去扬长避短，把胜利当成习惯，一个接着一个。

3. 让平凡告别沉默

小文从小就是个平凡的孩子，他妈妈范丽萍说：“听护士小姐说，刚出生时，儿子连哭声都比人家小。”

小时候做游戏，小文永远都是配角。他从没有想到过要当主角，他连想都不想。人关键是有想法，没有思路就没有出路，小文的问题就是没有思路，没有那个念想。

小文如今读高三了，学习成绩不温不火。老师说："小文这孩子平时就像个霜打的茄子，做什么都没有激情。学习成绩就像那千年冰川，不起任何波澜，永远钉在中上游，神仙也拿他没办法。"

以前，小文的爸爸不怎么管他，一是因为自己正处于创业时期，平时忙得连饭都顾不上正经吃。二是儿子从不给他惹事，学习成绩还说得过去，你想说说他，也找不到理由。儿子就那么两下子，不要奢望他给你捧回个第一名来。再说了，他又不是给父母学的，第一不第一的，那是他的前途。但从今年开始，小文的爸爸觉得事业走上正轨了，没有以前那么忙了。再有就是小文上了高三后，话突然多了起来，还主动找爸爸聊天。小文对爸爸说："爸爸，你管管我吧。"小文爸爸不知道儿子这话是什么意思，但既然开口了，他这个当爸的就得管。

怎么管呢？小文爸爸觉得最关键的是头脑。儿子最大的弱点就是甘于平凡，如果儿子哪天不想平凡了，那么，他的成绩、他的表现就不会像以前那样一潭死水了。于是，小文爸爸开始研究如何激发儿子的潜能，如何让他不再沉默，在高三这一年来个出人意料的总爆发。

小文爸爸的想法是正确的，对于像小文这样的孩子，最好的方法就是让他灵动起来。小文就好比高山上的湖泊，总是波澜不惊，你可以说是凝固了，或者简直跟冰川没有什么两样。但你要知道，就算是冰川，也有融化成激流的时候。高山上的湖泊积蓄了很大的能量，只要哪天阻挡它的堤坝被开了一道口子，那么它的气势，绝对是一泻千里、惊天动地。所以，对于那些一味沉默的孩子，做父母的不要轻易给孩子定性，因为你没有帮他掘开他心里的堤坝。掘开了，那就是另一番景象。

特别提示【找到撬动孩子的支点】

考试对于孩子的成长来说，作用是不可消失的。很难想象，如果离开了考试，孩子的学习会是什么样子的。不排斥考试，进而认同考试对于自己的帮助作用，是当今父母迈向成功的第一步。

认同考试，并不是把考试当成检验孩子学习的唯一标准。你要把考试当成检验孩子的参考，而且是最重要的参考。这是在考试问题上，做个成功的父母的第二步。

那么，第三步就是如何利用考试了。利用好了考试，你的家教就非常顺畅，不用费多大力就可取得很好的效果，这就是所谓的“四两拨千斤”。怎么拨呢？这个支点就是孩子特有的特点，更严格地说，应该是弱点。找到了这个支点，即使给你一个地球，你都能撬得起来，何况是你再熟悉不过的孩子？

所以，当父母的不能懒，不能以为看了一个家教节目，读了一篇家教的文章，或者买了一本教你如何教孩子的书，就可以照葫芦画瓢了。你要找到那个支点，而且要准确找到，这个书上没法教你，也没有人教你，你得自己去看，去悟，去跟孩子交流。

第五节　帮孩子调适决战高考的心态

一、他快被逼疯了

《南方周末·自由谈》刊出了一篇文章，题目叫《我被中国教育逼疯了》，是安徽高三学生章锐写的。

章锐在文章中说，他的痛苦从中考就开始了。父亲跟他说：“考不上江中（当地最好的中学），你就去死，家里有药有绳！”

上了高中，由于学习压力过大，章锐患上了头痛的毛病，成绩每况愈下。父亲不但不关心他的身体，还经常说："考不上一本你就去死，早点死，你死了老子不会掉一滴泪!"

章锐由于偷看《莫泊桑小说集》被老师和父母逼问："想不想参加高考?"章锐赌气说："不想!"结果，父亲威胁他："回去你也别想活!"

现在，章锐觉得学校就像监狱，"上学只是等死"，"曾想过自杀"。

孩子被逼到了要疯、要死的地步，是谁的过错呢？父亲肯定不觉得自己有错，他以为逼儿子是为儿子好。老师也不会做检讨，不严抓能出成绩吗？不出成绩，奖金就没了，自己的职业前途也会受影响。谁都没错，但章锐们的确快疯了。

如果章锐在文章中说的都是真的，那么，我们完全可以说，他的父亲是一个极不合格的父亲，是一个固执得近乎愚昧的父亲。面对儿子越来越近的高考，面对因学习压力过大而患上头痛病的可怜的儿子，他却说出那样的话来，真的是不可理喻。但这样的家长，我们却时常见到。他们的做法，他们的说辞，值得我们反思。

二、高考是孩子一个人的战斗吗

我们经常听家长这样跟孩子说："别以为学习是给爸爸妈妈学的，你是给你自己学的！别人帮不了你，考试是你一个人的事！考试的好与坏关系到你自己的未来，自己掂量吧!"这样的话，变个说法就会从老师嘴里说出来。很多高三班主任在开班会课时，"高考是给你自己考的"之类的话时常会冒出来。

家长和老师们说的话本没有错，都是大实话。但是，对于高三学生来说，这样的话是一种伤害。家长说这样的话，会让孩子觉得自己在孤独地走一段有生以来最艰难的路，前路漫漫，尽头难料，却无依无靠。

如果家长从没有说过这样的话和做过类似的事，那么，我们希望能继续保持。如果以前已经说了，或者现在仍然有这个习惯，那就要立即改正了。你要知道，这个时期的孩子正在准备打一场前所未遇的硬仗，需要父母良好的后勤保障，需要老师的指挥和带领。这不是一个人的战争，所有压力不应该让孩子一个人去承担。

家长除了要尽力帮助孩子，为孩子建立一个稳固的后方之外，还要多跟老师特别是班主任老师沟通，了解孩子的近况，商量帮助孩子克服困难的对策。家长跟老师结成“统一战线”是必要的，但前提是为了帮助孩子达到一种平和的心态，而不是像章锐的父亲一样跟老师“统一口径”，一致对付孩子，不考虑孩子的承受能力，一味地打压、逼迫。那样的话，又该挨我们的批评，遭大家的“鄙视”了。

三、帮孩子科学安排考前生活

高女士为安排儿子的考前生活是费尽了心思。

为了让儿子专心复习，她费了九牛二虎之力才说服了儿子不要看 NBA 了。她告诉孩子忍几个月，等高考结束了想怎么看就怎么看。但她发现，儿子虽然不看了，但到那个时间他就心神不宁，像只困兽在房间里乱窜。

为了让儿子休息好，她亲自帮儿子编了一个作息时间表。平时，儿子晚上 11 点睡觉，现在她要求儿子 10 点就必须躺在床上。她还准备让儿子在考前的两三天，8 点就睡觉，睡得饱饱的好有一个好精神。但她发现儿子仍然是哈欠连天，情绪不高。后来她才知道，儿子夜夜失眠。

高女士给儿子安排的大部分生活都被证明是行不通的，她索性就让儿子自己看着办。儿子说他自由了，但自由得一塌糊涂，不知道该做什么，只知道每天都绷紧了神经。

高女士先前的做法是不科学的，自然不能起到好作用。但是她之后的做法更不好，她放任孩子自己去做，是无能的表现，也是不负责任的。对于孩子考前生活的安排，对于不同的孩子有不同的方法。下面是几条纲要，家长可以以此去制订具体的方案。

1. 帮孩子拟定考前的学习、生活清单

高考前很容易心浮气躁，总觉得好像没什么事可做，实际上又有很多事要做，就有点惊慌失措了。家长应该帮孩子拟一个复习迎考计划，什么时间该做什么，要很详细。到了高考之前一两天，告诉孩子有点事情做就行了，随便看看书，别给自己太大压力。

2. 告诉孩子适当给自己一点自由，不要搞疲劳战

疲劳战术导致的结果是身心疲惫，大脑思维慢。这个时候，稍微一紧张就会出现很多症状，比如过度的心跳、血压升高、头脑发胀、偏头疼等，整个人处在一种非常萎靡的状态，这些对考试都是不利的。

3. 引导孩子感受生活，培养好心情

家长要帮孩子把一天中似乎不起眼的小乐趣放大，让孩子觉得这一天都特别舒服。当生病也是一种享受的时候，想考不好都难！

4. 让孩子保持学习状态，任务适当减轻

考试之前，学校一般都会放松一点管理。比如早晚自习不要求上了。这个时候，家长要督促孩子按照正常的时间表走，和平时上课是一样的。主要是看一看书，做一做比较简单的题再看一看平时自己做错的一些记录，翻一翻考卷。

5. 教孩子学会释放压力

释放压力的一个办法就是，不考虑它。如果孩子总想着考不好怎么办，怎么样应对这个压力，那就麻烦了。

四、帮孩子正确调适考前心理

朱女士的女儿学习成绩很好，几次模拟考试都进了全班前三名，按说考个名牌大学很容易。但是，朱女士发现女儿每天都睡不好觉，经常在凌晨三四点钟突然惊醒，而且大叫。女儿总是反复做同一个梦，就是梦见自己在考场上，手里拿着试卷，却一个字都看不懂。

朱家女儿的这种现象并不是个案，很多学生特别是那些学习成绩好的学生也面临着类似的问题。他们是“高处不胜寒”，怕万一考砸了丢不起人。高考不仅是对考生文化知识的检测，而且是对考生心理素质的检测。平时各科成绩再好，如果没有良好的心理素质迎战高考，高考成绩同样不会理想。

那么如何帮助孩子进行心理调试，达到正向心态呢？家长可参考下面三种方法帮孩子调试心理。

1. 暗示法

家长要经常不断地暗示孩子，帮孩子建立自信，让他觉得自己一定能考出自己应有的水平。

2. 榜样法

家长要寻找那些心理素质好的学生作为孩子的榜样，激励孩子向他们学习。比如，2008 年 5 月 18 日晚，中央电视台举办的大型赈灾募捐晚会上，就有几位榜样值得我们学习。晚会请到了汶川地震中的三位高三学生，他们的父母或亲人在“5・12”特大地震中被埋在了废墟里，当主持人问他们今年是否还参加高考时，其中一个同学含着眼泪说，“我们一定要参加高考，要考上大学，学好本领，回到家乡重建家园”。多么令人感动，多么令人佩服啊！他们在失去自己亲人的日子里，仍然坚持高考，还要考出好成绩。对比他们，我们还有什么困难不能克服，还有什么越不过的坎？

3. 相成相反法

相反指两个事物互相排斥，互相对立；相成指对立的事物互相依赖，互相促成。在人的心理调适过程中，同样存在相成相反现象。家长不妨用这种方法去调适孩子的心理，告诉孩子考前做好这样的心理准备：若高考成绩不理想，不要紧，大不了复读一年。由于有了以退为进的心理准备，高考时就会轻松，大脑皮层的细胞处于活跃状态，会有利于考试。这就是“相成相反法”在心理调适中的作用。

特别提示【考试过程中的心态调整】

我们光是说考前，光是说给父母听了。其实，考试过程中也存在一个心态调整问题。而这个心态调整主要是考生自己进行的。下面，我们推荐十条方法，供考生参考。

1. 带着被爱的感觉进考场。被爱是幸福的，会让你非常振奋。你可以一边回忆着父母的关爱、同学之间的友谊、老师的表扬走进考场。身后有那么多人在支持你，你不是在孤军奋战。

2. 利用考场条件给自己积极暗示。凡事你都要往好处想。下雨了你不要想今天乌云密布，你要想下雨有多么好的气氛，然后想某位诗人在这个情况下写出了某首什么诗。进了考场，你就要留神找出一些东西，让你感觉到它是完美的，是特别好的，能让你心情好起来。

3. 看卷子前记得深呼吸。很多考生看到卷子就发慌，或者跟自己想象的有落差。所以，你先不要看卷子，坐在那儿，深呼吸，想着最美的东西，在极其和谐的状态下再看试卷，你会觉得落差很快就过去了。

4. 把题目当成是为自己量身定做的。你答试卷的时候，最好有一种感觉，感觉这套题就是为你自己量身定做的。如果你真的进入状态的话，你就可以有这样的感觉：这些题是你展示自己的一个平台。

5. 考试中出现的一些常见问题。别人写得比自己快怎么办？太快是一种虚荣心的表现。你要告诉自己，不怕，自己慢一些那是因为比别人更仔细。出现不会做的题怎么办？这是值得高兴的事呀！你要马上放弃这道题，别人可能还卡在那儿呢！

6. 试卷书写要工整。改卷的时候是一年中最热的月份，而那些批卷的人任务很重。所以，卷面整洁与否很重要，可能会产生五分左右的浮动区间。

7. 考完一门不要讨论具体题目。每科考试考完之后，最好不要谈具体的题。当被问及考得怎样时，尽量说考得很好。

8. 万一考砸一门，要想办法宣泄出来。考试之后切忌对答案，如果你觉得考得不好，最好找自己很好的朋友聊天，或写日记，把不快的心情倾诉出来。

9. 刻意调节自己的生物钟。高考的时候，不要打破原先的生活节奏。在时间的安排上，在作息的安排上，在饮食的安排上，尽量保持和平常一致。

10. 保持正常状态，就能超常发挥。高考中，大家都不可能把自己学到的东西完全发挥出来，总会有失误。而如果你能够正常发挥，相对别人来讲，就超常很多了。

【作业题】

1. 家长应了解有关高考的哪些信息？
2. 在日常的营养和膳食方面，家长应注意些什么？
3. 如何帮助孩子进行考前的心理调适？
4. 如何帮助孩子正确对待平时的考试成绩？

第八章　高考过后家长该做的几件事

紧张的高考结束了，家长的工作并没有结束。考后放松是应该的，但是应把握好“度”，否则会适得其反。家长应做好孩子的考后心理调适，帮助孩子以平和的态度来面对高考结果。

孩子梦想成真，家长应给予祝福和必要的鼓励，并和孩子一起认真思考大学的学习和生活规划，争取让孩子尽早进入角色。

如果孩子落榜，家长首先要面对现实，冷静分析，积极应对，用一些温暖的话去稳定孩子的情绪，帮助孩子重拾信心。等孩子走出情绪的低谷后，家长就应该和孩子一起商量接下来该怎么走：是踏上社会，还是复读？不要代替孩子去做决定，家长只能提出自己的意见和建议，应该把最终的选择权给孩子。

第一节　帮孩子调适考后心理

一、考前考后判若两人

郭女士几乎不认得考试后的儿子了。

以前，儿子学习特别刻苦，就算是在饭桌上也会抱着书看。郭女士一度认为儿子是个爱读书的人，以后的人发展定错不了。但是没想到，高考结束后，儿子突然变了一个人。他说他感觉考得很好，上大学没问题。于是，他把课本、参考书、笔记统统卖掉了，然后拿着卖书得来的钱一头扎进网络世界里。过了几天，各大报纸上刊登出了各科考试的标准答案。儿子一对傻了眼，他确定自己肯定考不上了，于是感到“大灾难”来临，觉得愧对父母。他想想复读之路漫漫，而自己高中三年积累的资料都卖了，肯定学不好，于是悲观失望、情绪低落。出人意料的是，最后成绩出来，儿子考上了一本。这次可是冰火两重天，儿子再次嚣张起来，玩游戏玩得昏天黑地。

郭女士担心儿子玩疯了，进入大学后难以适应大学生活。

郭女士的担心不是杞人忧天，这样的例子已经发生过很多了。孩子得知考上了大学后，开始疯狂地玩，为所欲为，染上了喝酒、抽烟、打架甚至吸毒等恶习，很多还没有进大学门就倒下了。有些进了大学，恶习不改，结果荒废了学业，浪费了金钱和青春时光。这种局面，家长的因素是很大的。就看你在这个时期如何教育你的孩子了，放松是必要的，但管教也必不可少。

二、考后家教三大误区

高考过后，大部分家长在指导孩子生活时常常走入如下三种误区。

1. 放松过度而生病

家长们以为孩子高考结束了，可以让他们尽情放松了，想干什么就干什么。比如晚上可以通宵玩游戏，白天可以睡到中午才起床。再比如可以不按时吃饭，也可以不锻炼身体等等。这样一来，孩子的作息时间就会被打乱，免疫功能就会降低。高考前的几个月，甚至一年，孩子的神经都是紧绷着的，突然放松就很容易生病。所以，家长在让孩子放松的同时，也要让孩子合理分配作息时间，规律饮食，适当运动。

2. 无所事事而犯错

高考前，孩子在巨大的压力之下每天除了学习就是学习，根本没有时间和精力做其他事情。高考结束了，没有了学校“监狱式”的氛围，没有了老师的耳提面命，如果家长再松懈一些，那孩子在这种“无人监督管理”的状态中会感到很失落，或者是抑郁焦虑，或者是胡思乱想，有可能会胡作非为，做出一些意料之外的事情。在这个时候，家长应多与孩子沟通，了解他们有什么想法，提出一些可行性建议，比如去爬爬山，踢踢球，让考后的生活充实起来。

3. 睡眠过多而精神萎靡

考试完了以后，很多家长让孩子好好休息，说好好睡几天把这一年缺的觉都补回来。孩子自己也会嗜睡，赖在床上不起来。孰不知这是错误的做法。整天都在睡觉不仅达不到休息的目的，还会越睡越累，越睡越困。聪明的家长会带孩子去郊游，呼吸天然氧气，以解除孩子在高三一年里的疲劳。家长还可以让孩子看看闲书，让孩子去同学家串串门，劝孩子多锻炼身体。总之方法很多，这所有的方法都可以让孩子从床上爬起来，精神振奋地迎接发榜的那一天。

三、帮孩子稳住心态

范先生的儿子丁丁刚刚经历了高考。考完高考最后一科，丁丁先是与同学去唱了一夜歌，第二天居然一点睡意也没有，于是又跟同学去网吧打了整整一天游戏，连饭都忘了吃。接着，他就睡了两天，只是迷迷糊糊地起来吃点东西，然后又睡了。用他自己的话说，就是："坐了三年'牢'，现在终于解放了。我要把所有的压抑都释放出来，管它考得怎么样呢！先玩了再说，往死里玩！"结果，丁丁的生活规律全被打乱了。范先生和妻子面对儿子的这种情况不知所措。

丁丁如此放纵自己，并不是个案，像他这样的考生非常多。他们认为高考结束便意味着终于把"牢底"坐穿了，彻底自由了，得好好犒劳一下自己，以弥补多年来的艰辛，于是玩起来毫无节制。很多家长也觉得孩子累了几年了，是要好好放松一下了，于是对孩子的疯玩有一定程度上的纵容。于是，孩子玩得不可收拾，甚至有些还染上网瘾、毒瘾等，严重的还会误入歧途，加入涉黑组织。

家长首先不要纵容孩子疯玩，要告诉孩子放松可以，但是要坚持一个"度"，要保持饮食和睡眠规律，健康快乐充实地度过后高考时期。聪明的家长还会带孩子去拜访那些读大二、大三的学生，让那些大学生给孩子讲讲大学里的事。家长要有意识地暗示那些大学生跟孩子讲讲自己的失败经历，即高考后放松过度，到了大学之后短时间内难以调整过来，以致影响了大学生活和学习。

四、帮孩子赶跑抑郁

子晴考完后自己都感觉发挥失常，后来标准答案下来后对照了一下，确定自己考得很差，不仅跟理想的大学没有了缘分，甚至可能会落榜。本来性格就很内向的她情绪变得非常低落，总是唉声叹气，自觉不自觉地就会翻开报纸上刊登的高考题看，这里后悔，那里不该的，特别是对于那些做错了的题，恨不能把它们揉碎了吃掉！

爸爸看到这种情况，觉得是时候跟女儿好好谈谈了。他特别抽时间出来，跟女儿聊天。开始时，子晴对什么话题都不感兴趣。后来爸爸谈起了自己的高考，子晴一下子来了精神。爸爸告诉她，当年爸爸考的也不好，只考了个专科。但他没有气馁，上了大专后努力学习，在大二的时候就成功地进行了专升本。又过了两年，他又考上了研究生。如今，他的第一学历是复旦大学硕士研究生，而且谁也不知道他当年只是个专科生。子晴听了之后，大为感动。她决定向老爸学习，战胜自己，勇敢面对现实。

子晴的爸爸很聪明，他通过现身说法帮女儿走出了情绪的低谷。很多家长说，这个方法学不来，因为家长本人没有那样的经历。要我说，没有这样的经历也要编一个出来！这个时候，家长撒个善意的谎也是必要的。

子晴代表的是抑郁型的考生类型。这类考生的表现是吃不好、睡不好，情绪低落，很容易走入心理误区，严重的会自杀。家长一定要及时捕捉、梳理孩子的情绪，对不良情绪要及时调节，以防患于未然。家长要尽力保持正常状态，既不要冷淡也不要过分殷切，以免给孩子过多压力。高考成绩固然重要，但孩子的心灵健康更重要。家长要多与孩子沟通，千万不要指责孩子。家长要在平时注意观察孩子的行为举止，及时了解他们的心理变化，并做出正确的引导，陪伴孩子平安度过这段等待和煎熬期。一旦发现孩子情绪低落、烦躁等异常情况出现，家长应该引起高度重视，及时疏导，严重的话要请心理医生介入。

五、让孩子远离依赖

成绩出来了，丽丽上了重点线，高兴之余，她的心里却泛起了淡淡的焦虑：马上要上大学了，要离开家人，离开妈妈了，这该怎么办？平时，她除了学习，什么都不会做，一直都是饭来张口，衣来伸手，连袜子都没洗过。而且她总是在学校认真学习，很少跟人接触，对于人际关系一点概念都没有。难道要妈妈跟着她陪读吗？她对即将开始的大学新生活感到担忧和恐惧。

陪读的想法是幼稚的，虽然现在也有很多父母不得已辞掉了工作，到孩子读书的城市租个房子陪读，但这样的话，孩子什么时候才能长大？当然，孩子独立性不强，也不是孩子的错，也不全是家长的错。由于高考体制的原因，许多高考学子，寒窗苦读十几年，沉浸在分数的拼杀上，没有机会锻炼自理能力，于是大学时代成了孩子的第二次断乳期。

家长要把握好孩子高考过后的近三个月的时间，给孩子补上自立自理这一课。比如让孩子尝试着自己的事情自己做，如自己洗衣服，自己去银行开户等。还要让孩子尝试着拓宽交际范围，创造机会让孩子跟大学生接触，提前了解大学生活。家长也可以带孩子去大学里走走，提早感受大学校园的氛围，为步入大学做准备。

特别提示【家长也需要心理调适】

高考是牵动全家，甚至是所有亲戚朋友的一次大考。孩子们非常紧张，而实际上家长们的焦虑程度并不低于孩子。

考试过后，如果孩子考得不理想，很多家长甚至比孩子还要难过。想着孩子十几年来的努力付诸东流，想着自己守在考场前的热切期待，很多家长心绪难平，有的在生闷气，有的责骂儿女不争气。这些做法都是愚蠢的。估出来的分数毕竟与真实成绩有差距，家长应沉着冷静，不要责怪孩子。如果家长实在感到心理紧张，可以与其他考生的家长一起沟通交流，缓解一下情绪。如果成绩出来，真的考得不好，甚至落榜了，那家长更应该保持一个良好的心态，帮助孩子度过他人生中这段黑暗的日子。

所以，家长在帮助孩子做心理调适的时候，自己也要注意心理调适。家长只有调适好自己的心态，才能营造一个有利于考生的家庭环境，才有可能做好考生的服务和保障工作。

第二节　和孩子一起填报志愿

一、燕子为什么落榜

燕子在高考时发挥不错，成绩出来后，她超过当地文科第一批录取线十多分。大家都以为她考大学没有任何悬念了，她自己也这么认为。

在填报志愿时，她和父母没有查看相关信息，高高兴兴地填报了自己喜欢的学校和专业。她的第一志愿填的是某师范大学，因为她从小就喜欢当一名人民教师。她的第二志愿填的是某外语外贸大学的英语专业，因为她觉得学英语好找工作。

后来，她的第一志愿没有录取。原因是她的身高只有1.47米，在师范院校规定的最低身高以下。不幸的是，她的第二志愿也失败了，原因是她的英语单科成绩和口语成绩比较低。她虽然总分很高，但她报的是外语专业，英语单科和口语是重点参考项目。

燕子之所以失败，是因为她事先没有了解有关的招生政策，对自己的认识也不足，导致填报志愿时发生了方向性错误。她如果事先查阅一些师范院校对于考生身体方面的要求，就不会盲目报考了。她如何仔细分析一下自己的各科成绩分布情况，也不会轻易地去报考英语专业。燕子的遭遇也可能会出现在其他考生身上，燕子的教训值得我们好好地吸取。

二、考得好就可以高枕无忧吗

很多家长一看到孩子的考试成绩不错，就开始洋洋得意了。一些家长高考发榜那天就大宴亲友，遍发消息，好像真的拿到大学的录取通知书了似的。

一位父亲得知儿子考得很好，就从远在50千米外的老家赶到县城，拿着自己的血汗钱去请老师们吃饭。在饭桌上，他异常兴奋，酒也喝多了，大声说：“我是个农民，但我儿子不是了！”在场的人都很感动，都说农田里飞出了凤凰。但是，后来在填报志愿时，这位同学犯了错误。填志愿那天，这位同学只顾着跟同学玩，草率地填了志愿。结果，他第一志愿没被录取上，而第二志愿又没填。他气得捶胸顿足，恨不得一死了之。

这位同学后来不得不回去复读，第二年勉强过了本科线。听说，再填报志愿时，他的手不停地哆嗦，生怕看错了专业，选错了学校。

这个例子值得家长们反思，你是不是也像那位父亲一样觉得填报志愿并不重要呢？或者压根就没有意识到填报志愿也是个问题？你是不是对如何填报志愿一窍不通？你是不是根本不了解也不去关注国家和高校的招生政策？如果你是这样的话，你的孩子有可能会很惨，他有可能会前功尽弃，所以努力都会付之东流。

三、帮孩子分析信息

儿子考完高考没几天，罗先生就催促他通过各种途径收集和整理有关高校录取情况的信息。他先跟儿子一起上网查阅教育部以及省市当年的招生政策，让儿子认真阅读《招生通讯》和《考生必读》，还让儿子查阅所在省市前三年的录取分数等。在填报志愿前，他和儿子一起了解本市的总报名人数、招生计划和近几年高考录取情况。再一起了解各高校最近三年的录取情况。最后特别关注各专业和各高校近几年的就业情况，选择那些就业前景好的专业，以及就业率高的学校。

罗先生是个很称职的家长，他的这一套方法，考生的家长们都可以拿来参考。

家长应该带孩子一起了解高校的招生信息，特别是招生章程。

地方院校主要针对本省区招生。重点大学是可以全国招生的，但不同的地区其招生计划不同。有的比较均衡，但有的却对某些区域进行倾斜。如果你所在的地区不是该校招生的重点，那么你录取的机会就会降低。还要注意高校录取的“大小年”现象。它是指在某省这一年分数比较高，下一年录取时分数下降，彼此重复的现象。因此，在参考有关录取资料时，一定不能只看一年的情况，要看近三年的情况。

北京、上海等中心城市的高校很多，不少是重点大学、名牌学府，是学子向往的地方。但是，填报志愿时一定不要头脑发热，要知道这些院校的录取线也相当的高。如果不是成绩拔尖的学生，最好不要选择中心城市的名校。否则，很有可能高分却读了普通的学校。如果避开这些城市，分数不是很高，但也有可能上重点大学，比如西部、西南等。因此，填报志愿时，一定要考虑地域因素，以此来提高命中率。

四、帮孩子选择专业

赵女士曾成功指导了女儿和侄子的志愿填报，让他们都得到了适合自己的专业。她的指导思想是从女儿和侄子的专业兴趣、性格、气质类型出发，从孩子们的特征和职业特点的最佳匹配来帮他们选择专业。女儿的历史成绩比较好，而平时表现出超强的探索和研究的特征，所以她建议女儿报读考古专业。侄子从小学到高中一直是班干部，口头表达能力强，遇事冷静，做事果断。她建议侄子报读外贸、市场营销、法律、新闻以及管理类专业。女儿和侄子都采纳了赵女士的建议，选到了自己喜欢的专业。

赵女士是从性格和兴趣爱好方面帮女儿和侄子确定专业的。个人性格特征和职业特点的最佳匹配是确定专业选择的重要参考。

除了赵女士介绍的两种类型，还有几种。比如常规型，如果比较喜欢从事按部就班的日常工作，可以报会计学、审计学和文秘学。喜欢艺术的人适合报读文学、美术、装潢、设计、音乐、表演等专业。动手型的人适合工科类，因为他们的交际能力差。还有一些性格类型，可以以此推断。

还有一些因素需要考虑。比如，身体因素。每年都有因体检受限而落榜的考生。本节开头那个例子就是因为身高受限而落榜的，考生和家长事先没有考虑到这个因素。再比如单科成绩。曾经一个考生总分超过本科线十几分，但他的语文单科并不理想，如果报中文专业则可能会遇到困难。当然，报考专业还有其他因素，家长可咨询一些老教师，或者自己查阅一些指导书。

五、帮孩子确定院校

魏先生在指导儿子选择院校时，走了以下几个步骤：首先看儿子的实力，是一本、二本，还是三批。然后通过登录本省考试网，查询儿子的高考成绩在本分数段有多少人，累计有多少人，确定儿子在全省的位置，看能够上哪个层次的大学。然后列出适合儿子的学校名单，再根据拟报学校近几年在本省的录取分数线，排出志愿学校的顺序，再确定各志愿学校的专业顺序，最后决定是否填专业服从。

魏先生的这套步骤是科学的，家长们可以参考。下面，我先介绍一下目前国内志愿填报共有的 3 种方法：一是考前志愿填报。包括北京、上海、重庆、吉林、广东 5 个省市采用这一形式。其优点是完全依据平时实力；缺点是最怕高考失常发挥。二是考后估分填报。广西、河南、安徽等 10 余个省市区考生根据标准答案，估分以后填报志愿。其最大好处是考得怎样心里有谱；弊端则是估分不准将造成失误。三是成绩公布以后填报。知道分数再填报志愿的有浙江、山东、河北、江苏等其余的十几个省区。这种办法好在清水摸鱼、量体裁衣；弊在容易扎堆，导致高分也落榜。

下面再强调几个要点。首先是认真填好“第一志愿”。重点大学第一志愿的录取比例占被录取考生的 95%以上，一般院校第一志愿的录取比例在 80%左右。把握不好会造成“高分落选”现象。第二是报好后续志愿。同批志愿的选择要注意学校的梯度，遵循从高到低的原则，即后一个比前一个低一些。第一志愿应是可以冲击的目标，后续志愿是保底的。第三是刚上线的考生的志愿不能填“热”专业，应尽量填“服从其他专业”，增加录取机会。第四是二本线附近的考生要重视选第一志愿常录不满的一些本科院校或其冷门专业。第五讲一些原则：高分考生，报名校；次高分考生，报特色学校；考分中上等的考生，兼顾学校和专业；一般成绩考生，奔专业；成绩较低的考生，先确保有学可上。最后强调一下，考生在选择高校时眼光不能只盯着少数几所“热门”院校和部分“热门”专业，建议考生选择的地区更广泛一些，专业面更宽一些，以避免志愿“扎堆”“撞车”现象，增大被录取的几率。

特别提示【家长注意事项】

家长要全面了解招生政策、规定，认真分析招生的形势；与班主任、任课教师一起了解子女所处的层次；了解掌握有关的信息，特别要了解拟报学校的招生人数、专业情况、近几年报考情况、录取分数。

此外，还要注意：切忌脱离子女实际，将志愿填得过高或过低，充分考虑学校、专业的高、低、远、近、冷、热等因素；当好子女的参谋，切忌包办代替；填报志愿必须由考生本人亲自填写。

第三节　帮孩子积极应对落榜

一、温情在那夜消失

张少宁本是个活泼外向的男生，学习成绩也不错。高考时，他自认为发挥得不错，回家后显得很轻松。他像是拿到了名牌大学的录取通知书一样，每天都走访亲戚，告诉他们他将要上大学了。

但是，成绩出来后，他傻了眼，他连专科都没考上。这下搞得父母没脸见人了，母亲埋怨他此前到处吹牛，父亲则根本没脸出门了，躲在家里不断地呵斥张少宁。张少宁不堪忍受父母的责备，自己跑到山里待了一天，结果没有一个人来找他。他怕被狼吃了，或者饿死，第二天傍晚乖乖地回家了。在回家的路上，碰上一群同学在喝酒，他索性把自己灌醉了。回到家后，没人理他。他趴在地上大哭，然后就睡着了。第二天醒来，他仍然趴在冰冷的地上。他从地上爬起来，从此脸上没有了笑容。

第二年高考，张少宁以优异的成绩考上了上海的一所全国重点大学。拿到录取通知书那天，父母在家里办了酒席，亲戚朋友都来祝贺。但张少宁依然冰冷着脸，没有一丝兴奋。大学毕业后，张少宁找了份很好的工作，几年后又走上了领导岗位。但他对社会回报的还是一张冰冷的脸，下属怕他怕得要命。

张少宁是被家人伤了，而且这种伤几乎无法疗治。他越有成绩，这伤口就越疼，他对社会的报复也就越厉害。真的希望现在的家长看到赵少宁的故事后，能够有所启示，起码不要像张少宁的父母一样对待孩子，伤害孩子。

孩子高考落榜后，家长首先要面对现实，冷静分析，积极应对，用一些温暖的话去稳定孩子的情绪，帮助孩子重拾信心。等孩子走出情绪的低谷后，家长就应该和孩子一起商量接下来该怎么走。在这样一个应对过程中，家长越是冷静，越是理智和情绪稳定，想出的建议和方法往往就越切合实际情况，就越能帮助孩子解决问题。所以，落榜并不可怕，可怕的是父母情绪消极，给孩子过多的负担，导致许多不该发生的事情发生。

二、积极不等于从头再来

我们一提到积极应对，很多家长就以为是鼓励孩子从哪里跌倒的就从哪里爬起来，继续学习，在明年高考中为自己“雪耻”。

广州有一位考生，高考成绩过了专科线，这个成绩还是他超常发挥的。在填报志愿的时候，老师建议他报个专业好一些的专科院校。孩子的母亲却坚持让孩子报考本科，“大不了落榜，从头再来！”

孩子的班主任认为在这次高考中，孩子已经超常发挥了，他已经基本没有潜力可挖了，如果再复读一年恐怕再次落榜的可能性会很大。

但是，孩子的母亲却不这么看。她非要孩子报重点大学不可。她认为只要有信心、有决心，明年一定会考上北大清华。即使考不上北大，上个“211 工程”大学也行。她对孩子说：“都是一根脖子上安一个脑袋，为什么别人能上重点，你就不能？那是因为你的信心不足，面对落榜没有用积极的心态去面对！”

这位母亲错误地理解了“积极应对”的意思。所谓积极，是必须从实际情况出发，根据孩子的情况量力而行，仅凭自己的个人喜好而盲目冲动那是瞎积极。在我们看来，那种瞎积极也是一种消极。而如果实事求是地作出判断，即使决定不再复读也是一种积极应对的姿态。

另外，再次强调的一点是，家长不要独断专行，不要代替孩子去做决定。关于下一步怎么走，家长只能提出自己的意见和建议，应该把最终的选择权给孩子。当然，每种选择都可能有利有弊，究竟利大还是弊大需要一家人一起分析、讨论。

三、帮孩子走出阴霾天

卫雪丽是个内向的孩子，她在高三会考的时候就担心会考不过关。她是学文科的，理科已经全部放下了，见到物理和化学她就头疼。如果会考不过关，高中毕业证就拿不到，那出去怎么找工作啊！为此她在会考前连续两天失眠。

后来又到了高考的时候，她又面临着同样的情况。担心考不上大学，吃不好，睡不好。成绩出来，结果真的落榜了。这对她的打击非常大，她整天把自己关在房间里，不断地去想自己失败在什么地方，每天晚上都做噩梦梦见自己在考场上，面对考卷却一个字都写不上去。同学们给她打电话，她也不敢接，生怕被嘲笑。家里来了客人，她也不好意思出来见，怕给父母丢脸。她的父母非常担心，不知道该怎么开导她。

卫雪丽出现这种情况不应该算是反常的，虽然这样恶化下去非常令人担忧。她的性格内向，很多心里话无法跟家人和朋友说，而家人和朋友们也没有办法去打开她封闭的心。为了解决像卫雪丽这类落榜生的问题，我们首先应当了解一下他们的内心世界。落榜生一般会出现下面五种消极情绪。

1. 自卑

这些孩子丧失了高考就等于丧失了未来，整天愁眉苦脸、长吁短叹，拒绝与人交往，即使与人交谈，也总是诉说自己的失败和无能。

2. 内疚

这些考生想到这一年家长的辛苦，本想考上一所理想的大学以示报答，结果事与愿违，有强烈的负罪感。

3. 失落

考试过后，没有了那种紧张感，他们会感到茫然，心里空荡荡的。这种失落心理会使他们失去热情，对什么事都不感兴趣。

4. 孤独

这些考生生怕别人嘲笑挖苦，不敢出门，自我封闭，造成孤独心理。

5. 麻木

这些考生在面对嘲讽时装做没什么反应，以此掩盖内心的自卑和哀伤。时间长了，会对他们的人生观造成伤害。

对于像卫雪丽这样的孩子，父母不应只是担忧，而是应该采取积极的应对措施。家长面对孩子考试失利的现实，首先不要埋怨和责备孩子，因为这一切都已经没有意义了。现在需要做的是分析孩子的性格特征，帮助孩子调整心态。家长有必要跟孩子一起筹划一下未来，是踏上社会，还是复读。若因主观努力不够，则重整旗鼓，再试一次。若因过于紧张造成失败，则需想办法克服考试焦虑，否则还有失败的可能。不管怎样，家长都要给孩子打气，鼓励孩子勇敢前进。平时，家长可陪着孩子听听音乐，打打球，游游泳，来转移孩子的注意力，缓解情绪。

四、帮孩子找出“滑铁卢”的原因

高三那年，常涛整日沉溺于武侠小说，导致学习成绩一落千丈，结果高考时名落孙山。落榜后，他不跟父母提复读的事，而是回到父母身边默默地帮父亲干农活。

他的父亲虽然没读过什么书，但在村里是公认的有头脑的人。他一边带着常涛干活，一边帮常涛分析落榜的原因。常涛自己总结的原因是看武侠小说。常涛的父亲说，看武侠小说并不是什么坏事，它不仅能帮助人提高写作水平，还能使人具备侠肝义胆，起码教人勇敢地面对困境和挫折。但他同时也狠狠批评了常涛在高三花了太多的时间去看武侠小说。他说常涛是在错误的时间做了一件不太正确的事情，如果在高一、高二而且是适当地看看那肯定是件好事。

找到了问题的症结，父亲就鼓励常涛要敢于面对落榜的现实，回校复读。他认为只要不再看武侠小说，常涛东山再起的可能性很大。果然，常涛通过一年的复读，第二年以优异的成绩考上了北京一所重点大学。

常涛的父亲虽然是个没读过书的农民，但他很有文化，他懂得很多读过书的父亲所不懂得的道理。他懂得孩子的失败总是有理由的，找出原因来，有针对性地去解决就是下一步成功的开始。

孩子落榜后，当家长的除了安慰孩子受伤的心灵之外，更重要的是帮助孩子找出这个生命中的“滑铁卢”来。怎么找呢？当然不是家长的主观臆断。家长要引导孩子自己说出来。比如，有的孩子是因为谈恋爱而耽误了学习，有的孩子则是因为染上了网瘾，还有的孩子可能是因为考前没休息好，或者太紧张了而发挥失常等。如果孩子自己说不出来，家长就要跟孩子一起分析，总结出原因来。家长还可以去找孩子的班主任以及其他老师谈，了解孩子高三一年的学习情况，结合自己观察到的孩子平时的生活情况，综合考虑，肯定能找出一些原因来。

也有怎么找都找不出原因的情况，那么只能把原因归咎于运气。家长要告诉孩子，霉运不可能总在你头顶上盘旋，而且好运气往往是自己给自己的，特别是当你充满自信，踌躇满志的时候。

五、帮孩子划定分水岭

苏刚连续两次高考都落榜了。第一次落榜是因为他的基础知识不够扎实。第二次落榜，他是完全输在了心理上。考试的时候他总走不出去年失败的阴影，老担心会再次失败，结果真的失败了。父亲问他还要不要再去复读，苏刚考虑了整整一夜。第二天早上，他对父亲说，他不想去复读了，因为他觉得第三次走进高考考场，他还会输在心理上。高考对他来说，已经变成了一块永远的伤疤，不能再在上面撒盐了。父亲说，那就参军去吧，说不定能考上军校。

离开了校园，苏刚走进了军营。军队的生活紧张单调但很充实，他渐渐地走出了失败的阴影。白天他和战友们一起训练，晚上除了站岗，他就是拼命地啃高中课本。他的高中知识本来就学得不错，现在换了一种环境，不是在校园里，而是在军营里，他更加找到了感觉。参军后的第二年，他以全团第一名的成绩考上了军校。如今，他已当上营长了。而他的一些考上大学的同学，有很多还失业在家呢！

真是“山重水复疑无路，柳暗花明又一村”啊！校园无法帮苏刚实现大学梦，军营却给了他机会。这是考上了大学的例子，还有很多考不上大学却依然成功的例子。

一位学习成绩很好的学生，由于高三那年他的父亲生了重病，影响了他的学习，结果以一分之差落榜。当时他非常痛苦，因为他知道他的家庭情况不可能再让他复读了。他只能含泪回家务农去了。但他并没有放弃奋斗，在很多大学生不停地谈恋爱的时候，他却躲在镇图书馆里不停地看养殖方面的书，并在自家地里搞起了实验。当很多大学毕业生不停地在各个城市间奔波找工作时，他已在县里小有名气了，拥有了自己的养殖场，手下还雇用了几个农大的本科生。

所以，落榜了并不可怕，也没有什么好灰心的。家长要帮助孩子冷静分析一下，能够"哪里跌倒哪里爬起"固然最好，可以复读一年重新叩开大学的大门；但走另外一条适合自己的路，也未尝不是一种好选择。上大学的人不一定都能做出成绩，没进大学的人通过发奋苦学，也能有所成就。所以，高考不是龙门，不能以高考成败论英雄。高考是分水岭，家长要帮助孩子选择复读还是创业。无论走哪条路，只要是合适的，就是最好的。

特别提示【职校是落榜生的好去处】

关于落榜生的去处，的确很让家长头疼。对于农村的孩子来说，落榜了回家种地当然不是不可以，但是现在的孩子有几个能扛得起锄头，吃得了苦？对于城里的孩子来说，进企业工作，一是年龄太小，二是没有技能，跟个农民工没什么两样。

鉴于这种情况，我们建议家长考虑送孩子去职业技术院校学一技之长。现在的大学生不好找工作，但是那些有技术的职校生却成了"香饽饽"，很多企业都跑到学校里去"预定"。

我高中时的同桌是个女孩子，她高考时落榜了。她的父母和她一起分析了她的实际情况，随后决定去上一家民办的职业技术学院学习日语。毕业后，她在一家日资企业工作了多年。2009年春，她被索尼公司以高薪挖走，成了同学们羡慕的对象。她的故事正好诠释了一个道理：条条大路通罗马。

落榜生踏入社会为时尚早，再复读则前路漫漫又渺茫，不如去学一项技能。俗话说得好，"家财万贯，不如一技在手"。现在很多职业技术院校，学费很低，而且国家还加大了补贴力度，特别适合那些家庭条件不是很好的学生入读。这样说来，有什么不好呢？去吧！

第四节　帮孩子全面了解大学生活

一、一个优等生的“堕落”

刘强以优异的成绩考上了北京一所重点大学。

人们都说，穷山沟里飞出了金凤凰。刘强的家乡在苏北山区，非常贫困。高考成绩出来后，刘强立即成了县里的明星，亲戚朋友都来为他祝贺，政府也给了他一些奖励。他每天都生活在鲜花和掌声里，对大学生活没有任何概念，也没有做任何打算。

进入大学后，他发现优秀的人不只他一个，甚至他根本就算不上优秀的人。很多省状元、市状元聚集在这所高校里，让刘强觉得自卑。学习上比不过人家，其他事情更不如人家。刘强从小就生活在农村，除了学习，根本没有其他爱好。他不会打篮球，不会唱歌，也没有组织管理能力，甚至连普通话都不会说，连衣服都不会洗。看着同学们个个表现得那么优秀，刘强非常烦恼，变得非常孤僻。大二的时候，他喜欢上了一个女生，想表白却又不敢，结果被另一个男生抢了先机。刘强极度悲愤，在一个暴风雨之夜从七楼跳了下来。万幸的是，他跳到了垃圾池里，里面装满了松软的草皮，只是把腿摔骨折了。从那以后，他的情绪更加消极，不想上课，不想参加任何活动，只喜欢泡网吧打游戏。

一个优秀的学生就这么“堕落”了。他可能会被学校开除，也可能就这么浑浑噩噩地度过大学生活，学不着什么知识，也锻炼不了任何能力。这样的悲剧不是个案，很多大学生也正在这么过着。

悲剧的产生肯定是多方面的，其中对高考之后没有及时地了解大学生活导致进入大学之后不太适应是一个重要原因。对此，家长是要负责任的。不要以为孩子考上大学了就一劳永逸了，对于孩子的一生来说上大学只是万里长征的第一步。上了大学之后，仍然要刻苦学习，努力提高自己的综合素质，孩子才能在未来竞争激烈的职场上立于不败之地。

二、大学并不是家庭教育的终结

孩子上大学了，从此离开父母身边，就像鸟儿开始单飞了。既然这样，很多父母就觉得自己管不了孩子了，或者说没有那个能力管了。有的父母认为，孩子比你当父母的懂得还多了，话也比你会说了，你说一句他有十句等着把你驳倒。

这种情况当然是存在的，如果孩子不这样，当父母的还害怕呢，怎么孩子都上大学了还是那个笨笨的呆样？孩子懂得多了，看上去比父母强了，父母也就在认识上走入了一个误区：家庭教育该画句号了，孩子不买你账了。

大学不是家庭教育的终结，而是家庭教育的新发展。大学生还是家长以前那个孩子，孩子成长一定是不能离开父母的，就算是孩子成人了，结婚了，当上爸爸妈妈了也不例外。父母对孩子来说永远是老师，父母的人生经历永远都是孩子的教科书。孩子在初上大学时看不起父母是正常的，他们正在经历人生又一个逆反期。但父母作为过来人应该明白这个道理，要有毅力一如既往地跟孩子交流沟通，教孩子一些朴素的道理和道德，帮助孩子做好每一次的人生选择。在教育孩子这个问题上，父母一定不要有所顾忌，而应该在教育方法上做些改变和提升，不是教训和教导式的，而是引导和协商式的；不是具体的问题解决，而是宏观的方向性的探讨；不是直接的，而是委婉的。

三、提前做好角色转换

尹海秋考上了南京某大学，非常高兴。她天天乐呵呵地走亲访友，向学弟学妹们介绍高考经验，忙得不亦乐乎。

一天，爸爸问她："你整天给学弟学妹们介绍经验，你有没有想过你对于那些大学生来说，也是学弟学妹啊！你对大学生活了解多少呢？"

爸爸的话让尹海秋一下子清醒了不少。对啊！我很快就要上大学了，但大学生活是个什么样子呢？我这十几年来积累的学习经验拿到大学里还管不管用呢？我再也不是一名中学生了，人们再也不会拿我当小孩子看待了，我应该怎么应对这种情况呢？

从那以后，尹海秋不再到处串门了，而是猫在家里的电脑前，不断地搜索跟大学生活有关的内容，并开始在网上跟大学生聊天。不出一个星期，尹海秋好像变了一个人似的，她不再开口闭口谈中学生活和高考，而是像个大学生一样谈专业，谈思潮，有时还跟爸爸谈就业和创业的问题。爸爸对于她的转变看在眼里，喜在心里，他跟妻子说："终于可以放心地让她上大学去了。"

尹海秋的转变是可喜的，这归功于她的爸爸，当然也有她自己的悟性。

很多学生没有尹海秋这么聪明，他们疯狂地度过了高考之后的长达三个月的假期，玩得都不知道该玩什么了。然后，背上行囊上大学去。进入大学之后，他们傻眼了，发现什么都是新的，什么都感到陌生，有些同学甚至连以前自己的强项都觉得不顺手了。比如，很多学生喜欢写写画画的，几个月没有动手，再动手好像手都不是自己的了。有些学生仍然像个中学生，穿衣服、走路甚至眼神都完全是个高四学生的模样。有些学生不认真学习，爱玩，爱睡大觉，问他为什么这样，他说："考完了高考，累极了，先歇口气再说。"这些问题都是新生入学后出现的不适应的现象，他们应该调整自己的心态来适应大学生活，最好是在假期里就开始这项工作。

这些现象起源于新生没能够及时地转换角色。社会是个"大舞台"，每个人在不同的时期要扮演不同的"角色"。随着年龄和境况的变化，人的社会角色也会随之转换，只有进入角色才能把戏演好。从拿到大学录取通知书的那一刻开始，家长就要告诉孩子他已经是个大学生了，凡事都要用大学生的思维方式去考虑问题。大学除了学知识之外，更重要的是学一种考虑问题的方式，养成独立生活的习惯，品尝作为一个社会人的酸甜苦辣。

家长在指导孩子进行角色转换的时候，要结合孩子所选的专业特点。每个专业都有一套自己的教学方法和学习方法，全面了解这些情况，是确立自己的专业思想，顺利地进行学习所绝对必需的。如果不了解专业特点，可能会走弯路。比如，孩子是学会计的，你却要孩子重点了解大学里活跃的学生社团，要求孩子能说会道是不行的。同样，如果孩子是学市场营销的，需要开朗、热烈和有激情，你却要让他锻炼沉稳、理性、冷静的品格显然是不合适的。

四、提前锻炼独立能力

胡静拿到录取通知书后，爸爸跟她的第一次谈话并不是庆功式的，而是问题式的。他给胡静提出了两个问题：一是准备在大学里怎样学习？二是打算在大学里如何生活？这两个问题不用急着问题，他给了胡静两个月的时间去准备，查资料也好，采访大学生也好，自己去大学里体验也好，总之在开学前十天，他要胡静以报告的形式提交给他。

拿到这个作业后，胡静不敢懈怠。她知道爸爸的脾气，平时和蔼可亲，但非常讲原则，对于确定的事情从来都说一不二。她首先采访了家人和老师，让他们对她的性格进行一个总体的评价。然后上网查阅有关自己的大学和专业的资料，对学习有个大致的认识。又想办法在QQ上结交了几个同系的师哥师姐，向他们了解大学生生活。这一套工作下来，她的报告就成形了。

人家的父母在“论功行赏”的时候，胡静的爸爸却布置了两个比较棘手的问题，让胡静一开始就不敢虚度这个假期，是很明智的，令人敬佩。

对于每一个大学新生来说，都会面临两个问题：学习和生活。

我们先看学习。大学的学习方式与高中不同，大学的学习最主要的是靠自觉，不会像高中时老师手把手地教了，也不会有人逼着你去学习。新生要有自学意识，可以提前了解大学课程设置和内容，准备一些必要的工具书和参考书。如果有条件，新生可以去师哥师姐那里要他们的听课笔记看，也可以提前拜访任课老师，借他们的讲义看。再看生活方面。农村孩子或者高中就住校的城里孩子在生活上的独立性是令人放心的，但相当一部分学生是第一次住寝室，对集体生活不太适应。对于有的室友打鼾、有的室友说梦话、有的室友脚臭等问题，是发脾气还是沟通协调，如何沟通等都是对新生的考验。家长要事先在生活上注重培养孩子的自我约束、自我管理的能力。在众多生活习惯中，家长不妨从管好钱包开始对孩子进行锻炼。有的学生一开始大手大脚，学期末了就东借西凑。家长要让孩子明白这种习惯不好，要让孩子学会管理生活费，教他们一些理财方面的知识和方法。有的家长会让孩子列一个“开支明细表”，预算一下一个月要花多少生活费，适当调整，避免出现“赤字”。这个方法值得借鉴，其他家长不妨一试。

五、提前规划职业生涯

柴垒的妈妈是大学老师，专门负责学生的管理工作。柴垒拿到录取通知书后，在妈妈的帮助下，制定了自己大学四年的职业生涯规划。

柴垒把大一定为探路期：先跟同学们混熟，多参加学校和学生社团组织的活动，提高人际沟通能力，学习沟通技巧，逐步了解自己的专业特征和职业情况。大二为定位期：结合自己的专业，考虑未来是否深造或就业，通过参加社团组织锻炼自己的能力，同时检验自己的知识技能，以提高责任感、主动性和受挫能力，并开始有选择地辅修其他专业的知识来适当充实自己。大三为恋爱期：可以谈恋爱，品尝一下爱情的滋味。但要纯洁，不能越轨。大四上半年为冲刺期：临近毕业，目标锁定在提高求职技能上，并收集公司信息，还要确定自己是否考研。大四下学期为择业期：目标锁定在工作申请及成功就业上，学习面试技巧，多浏览招聘信息，多参加人才交流会。这个时期还有对自己的形象做些改变，包括发型和着装。要让自己看上去更像个成年人，更大方、稳重、干练。

家长要帮助孩子从接到录取通知书就开始谋划人生，做好职业生涯规划，对自己的兴趣、爱好、能力、特长、经历及不足等各方面进行综合分析和权衡，结合时代特点，做出个人职业的近期和远景规划、职业定位、阶段目标、路径设计、评估与行动方案等一系列计划和行动。要想达到这一点，下面有六个步骤可供参考。

第一步是“知己”。家长可帮助孩子全面了解自己，包括兴趣、特长、性格、技能、智商、情商、思维方式等，既要弄清想干什么，又要知道能干什么，还要明白应该干什么。第二步是制定任务。家长要帮助孩子确立短期目标、中期目标、长期目标和人生目标。第三步是分析环境。家长要帮助孩子评估环境对自己职业发展的影响，分析环境的优劣和发展变化情况，了解本专业、本行业的地位、形势以及发展的趋势。第四步是职业定位。家长要帮助孩子找出他的最佳才能、最优性格、最大兴趣、最有利环境等，以此为依据，进行职业定位。第五步是制订实施方案。没有行动，一切打算都是空的。家长帮助孩子制订的实现职业生涯目标的行动方案，要有具体的行为措施来保证。第六步是评估与反馈。当然，这一步是在以上各步骤都进行之后才启动的。整个职业生涯规划要在实施中去检验，看效果如何，要及时诊断生涯规划各个环节中出现的问题，并作出相应的调整。家长要告诉孩子这一步骤的作用。

【作业题】

1. 高考过后，家长应从哪些方面帮孩子做好考后心理调适？
2. 在填报志愿时，应注意哪些问题？
3. 假如落榜，家长应如何帮助孩子面对？
4. 家长如何帮助孩子了解未来的大学生活？

附 录

家长教育行为规范

一、树立为国教子思想，自觉履行教育子女的职责。

二、重在教子做人，提高子女思想道德水平，培养子女遵守社会公德习惯，增强子女法律意识和社会责任感。

三、关心子女的智力开发和科学文化学习，培养良好的学习习惯，要求要适当，方法要正确。

四、培养和训练子女的良好生活习惯，鼓励子女参加文娱体育和社会交往活动，促进子女身心的健康发展。

五、引导子女参加力所能及的家务劳动，支持子女参加社会公益劳动，培养子女的自理能力及劳动习惯。

六、爱护、关心、严格要求子女。不溺爱、不打骂、不歧视，保障子女的合法权益。

七、要举止文明、情趣健康、言行一致、敬业进取，各方面为子女做榜样。

八、保持家庭和睦，创建民主、平等、和谐的关系，形成良好的家庭教育环境。

九、学习和掌握教育子女的科学知识及方法，针对子女的年龄特征、个性特点实施教育。

十、要和学校、社会密切联系，互相配合，保持教育的一致性。

（国家教育部、全国妇联颁发）